VIE

DE

SAINT THOMAS D'AQUIN

PAR

Mme DESMOUSSEAUX DE GIVRÉ

> « Les savants n'ignorent pas ces choses :
> « mais l'esprit des femmes n'allant pas si
> « loin, elles ont besoin de tout ce qui peut
> « les instruire. » (Sainte Thérèse. *Château
> de l'Ame*, 1re dre. chap. II.)

PARIS
RETAUX-BRAY, ÉDITEUR
82, RUE BONAPARTE, 82
—
1888

VIE

DE

SAINT THOMAS D'AQUIN

Le droit de reproduire cet ouvrage : soit en français, soit en langue différente, est absolument réservé par l'auteur. — Cet ouvrage a été déposé au ministère de l'intérieur (direction de la librairie) en février 1888.

OUVRAGES DU MÊME AUTEUR

Un Curé de Campagne au dix-neuvième siècle.
Vie du Vénérable Jean-Baptiste-Marie Vianney, curé d'Ars.

Ouvrage honoré des approbations de S. E. le Cardinal-Archevêque de Bordeaux, de S. G. Mgr l'Archevêque de Bourges, et de LL. GG. NN. SS. les Évêques de Saint-Dié et de Vannes.

2 vol. in-12, édition de luxe avec photographies..... 10 »
2 vol. in-12, édition ordinaire avec portraits......... 4 50

Paris, 1882. — Imprimerie-librairie Saint-Paul, 6, rue Cassette.

Notre-Dame de la Brosse à Bains-les-Bains (Vosges).

Ouvrage honoré de l'approbation de Sa Grandeur Mgr l'Évêque de Saint-Dié.

1 vol. in-12 de 200 pages.

Édition de luxe.. 2 »
Édition ordinaire..................................... 1 25

Saint-Dié, 1885. — Imprimerie L. Humbert.

Imitation de Dieu. Traduction complète de l'opuscule **De Moribus Divinis** *de saint Thomas d'Aquin.*

Ouvrage honoré de l'approbation de S. E. Mgr l'Evêque de Saint-Dié.

1 vol. in-32.

Tours, 1886. — Imprimerie Alfred Mame et fils.

VIE

DE

SAINT THOMAS D'AQUIN

PAR

Mme DESMOUSSEAUX DE GIVRÉ

> « Les savants n'ignorent pas ces choses ;
> « mais l'esprit des femmes n'allant pas si
> « loin, elles ont besoin de tout ce qui peut
> « les instruire. » (Sainte Thérèse. *Château
> de l'Ame*, 1re dre. chap. II.)

PARIS

RETAUX-BRAY, ÉDITEUR

82, RUE BONAPARTE, 82

—

1888

DÉCLARATION

Bien que ces pages aient été revues par plusieurs théologiens, je proteste que, très humblement soumise aux décisions du Saint-Siège apostolique, « si j'avance « quelque chose qui ne soit pas conforme à la créance « de l'Église romaine, ce ne sera pas à dessein, mais par « ignorance, puisque j'ai toujours été et serai toujours, « avec la grâce de Dieu, entièrement soumise à cette « épouse de Jésus-Christ[1] », dans le sein de laquelle je suis fermement résolue de vivre et de mourir.

Puisse ce petit volume, dédié principalement aux jeunes filles et aux femmes chrétiennes, inspirer à quelques âmes, avec la dévotion à saint Thomas d'Aquin, l'amour de la vérité catholique; « Dieu me ferait ainsi « une grande grâce et il sait que c'est là tout ce que je « désire[2]. »

1. Sainte Thérèse, avant-propos du *Château de l'âme*.
2. *Ibid.*

AVANT-PROPOS

Il n'y a qu'un docteur qui est Jésus-Christ, et les docteurs de la terre, même les plus grands et les plus saints, ne sont que les échos de sa voix et les interprètes de sa pensée. Leur œuvre personnelle, leur art suprême, est de faire silence en leur âme, d'écouter Jésus-Christ, source et maître de toute vérité, puis d'en transmettre fidèlement les enseignements aux hommes.

Donc il faudrait, pour comprendre un docteur, surtout un docteur tel que saint

Thomas, connaître jusqu'à quel point il s'est uni et comme identifié à son divin Maître. Une pareille étude ne serait intelligible qu'à fort peu de lecteurs et ne saurait, d'ailleurs, être entreprise que par un théologien profondément versé dans la science de l'ascétisme chrétien.

Notre but est plus modeste, nous nous proposons simplement de raconter à la jeunesse chrétienne, la vie du saint Docteur telle qu'elle est apparue aux yeux des hommes. Nous reproduirons les principaux événements qui ont marqué son existence ; nous mettrons particulièrement en relief ses admirables vertus : il n'en est point qu'il n'ait portées jusqu'à la perfection. Rien n'est touchant surtout comme l'humilité, l'obéissance et la simplicité qu'apportait à l'accomplissement des moindres prescriptions de la règle monastique cet incomparable génie, qui a été la merveille de son temps et qui a projeté sur les siècles qui l'ont suivi une lumière dont les rayons éclairent encore le monde.

Nous acquittons une dette de reconnaissance en remerciant ici M. le Docteur Ch. Desaire, Chanoine de Moutiers-en-Tarentaise, M. le Chanoine Noël, Directeur du grand séminaire de Saint-Dié, M. le Chanoine Poulle, Curé de Saint-Pierre-des-Corps à Tours et le savant abbé Paliez, du clergé de Paris, qui ont eu la bonté de reviser avec soin ce petit travail, en nous pressant de le publier.

D'autre part, un prêtre de nos amis, docteur en théologie, qui vit au milieu de populations ouvrières, nous écrivait

en nous encourageant : « N'hésitez pas à
« donner le jour à ce cher livre. Plus
« que jamais il est opportun de faire
« connaître le docteur Angélique à tous
« et partout.

« La science des saints sait se faire
» comprendre par toutes les âmes de
« bonne volonté ; et la sainteté des sa-
« vants est, de nos jours plus que jamais,
« un exemple qui s'impose. En publiant
« ces pages si remplies d'onction et d'ir-
« réprochable orthodoxie, vous avez, en
« enfant docile, obéi à la grande voix de
« notre Saint-Père qui désire si ardem-
« ment voir saint Thomas d'Aquin admiré
« et écouté. Et je suis persuadé qu'après
« avoir lu sa vie, beaucoup voudront con-
« naître ses travaux et s'éclairer de ses
« doctrines. »

OUVRAGES CONSULTÉS

Voici l'indication sommaire des principales sources où nous avons puisé.

Les Bollandistes. Guillaume de Tocco, frère Réginald, Tholomée de Luques, contemporains du Saint.

Les Annales dominicaines. Le Père Touron, Rohrbacher, docteur Sighart de Freising.

L'abbé Bareille, Mgr Salzano, M. le chanoine Didiot.

Par-dessus tout, les œuvres de saint Thomas, soit dans les originaux soit dans les traductions. Pour les *Opuscules*, édition latine de Venise, et édition nouvelle de Paris avec traduction de MM. les abbés Vedrine, Bandel et Fournet. Pour les deux *Sommes*, édition Migne et petite *Somme*, abrégée de l'abbé Lebrethon.— Pour les œuvres oratoires, *Sermons*, etc., édition récente de Bar-le-Duc.

VIE

DE

SAINT THOMAS D'AQUIN

PREMIÈRE PARTIE

ENFANCE, VOCATION, ÉTUDES

CHAPITRE PREMIER

NAISSANCE DE SAINT THOMAS

« Je vais vous confier un secret que je n'ai confié à personne, je vous prie de le garder jusqu'à ma mort : C'est que jamais Dieu ne m'a rien refusé de ce que je lui ai demandé. »

C'était le soir du jour de l'Assomption de l'an 1219, que saint Dominique, peu avant sa fin, laissait tomber ces paroles dans le cœur d'un ami, prieur des Cisterciens de l'abbaye de Casemare.

Or, le 4 août 1222, le même saint consolait doucement ses fils désolés réunis près de sa couche funèbre. « Ne pleurez pas, ne pleurez pas, mes frères, leur disait-il, au lieu où je vais je vous serai plus utile que sur cette terre. »

Nous aimons à croire que c'est aux prières de leur père auquel « rien n'était refusé ici-bas » et qui, au moment où Dieu le rappelait à lui, promettait à ses fils de les protéger, que les dominicains durent l'insigne honneur de compter au nombre de leurs frères, saint Thomas, dont la naissance a été une des plus grandes grâces que Dieu ait accordées à son Église.

Notre héros était fils de Landulphe, comte d'Aquin, seigneur de Lorette et de Belcastro, petit-fils du fameux Thomas d'Aquin, comte de Somacle, lieutenant-général des armées de Frédéric Barberousse dont il devint le beau-frère par son mariage avec Françoise de Souabe, sœur de cet empereur.

Sa mère, Théodora, d'une lignée plus récente et non moins illustre, était fille du comte de Théate de la maison des Carraccioli, laquelle était issue de ces guerriers normands qui supplantèrent les Grecs et les Sarrazins en Sicile. Par sa mère, saint Thomas avait donc du sang normand dans les veines et, à ce titre, nous avons quelque droit à le réclamer comme nôtre. Théodora gardait elle-même une forte empreinte du caractère de sa race; nous retrouverons souvent chez elle la foi encore mal éclairée et l'énergie intempérée et un peu sauvage de ses ancêtres.

Guillaume de Tocco, contemporain de notre saint, raconte qu'un vieil ermite, appelé Lebon, avait prédit la naissance de Thomas. Ce solitaire, grandement vénéré par les gens du pays, habitait avec quelques compagnons une montagne voisine du château de Landulphe. « Réjouissez-vous, avait-il dit à Théodora, « réjouissez-vous, vous portez dans votre sein « un bel enfant qui répandra un tel éclat par « sa science et sa vertu que nul homme, dans « ce siècle, ne pourra lui être comparé. Le « comte Landulphe et vous ambitionnerez

« pour lui la dignité d'abbé du Mont-Cassin,
« mais..... vous proposerez et Dieu disposera.
« — Nommez-le Thomas. »

Et « le bel enfant » naissait vers la fin de 1224, entre Rome et Naples, au château de Rocca-Secca, perché comme un nid d'aigle sur une cîme des Apennins. Peu de jours après, il était porté aux fonts baptismaux, sans doute splendidement enveloppé, comme les fils des princes et des chevaliers d'alors, « en des draps d'or et de soie sarrazine [1] ». Théodora, n'oubliant pas les promesses de l'ermite de la montagne, voulut qu'il fût appelé Thomas. Or, dans la langue hébraïque, ce nom signifie profondeur; en le donnant à son fils, la comtesse d'Aquin était loin, sans doute, de soupçonner le sens prophétique qu'il allait avoir dans la personne de l'enfant appelé à l'immortaliser.

Le pape Honorius III, remplacé par l'évêque d'Aquin, fut parrain du nouveau-né ; mais, prodige étrange, à peine le prélat a-t-il com-

1. Léon Gautier, *La Chevalerie*, treizième siècle. Enfance du Baron.

mencé les rites baptismaux que, sur le front de l'enfant, paraît un rayon lumineux. L'assistance stupéfaite y voit le premier accomplissement de la promesse du cénobite; et Théodora, aussitôt avertie, remercie Dieu de l'heureux pronostic qui a signalé l'entrée, dans la vie, du fils auquel elle a donné le jour.

Le pieux chroniqueur enregistre avec soin les merveilles qui accompagnent l'enfance de notre saint. Gardons-nous de les omettre, vraies ou non, elles nous font comprendre ces temps de foi où, dans les moindres faits, on cherchait à discerner l'action de la Providence.

C'est le tonnerre qui tombe sur une tour du château, pénètre dans la chambre où se trouve le jeune Thomas, foudroie auprès de lui sa petite sœur et le respecte. C'est sa nourrice qui, un jour, le voulant baigner, s'aperçoit qu'il tient quelque chose dans sa main. Elle veut lui enlever ce quelque chose. L'enfant, si doux d'habitude, résiste, serre son petit poing et pousse de tels cris, que sa mère effrayée accourt et veut voir l'objet de tant de larmes. C'était une copie de la salutation angélique. Théodora sourit et rend à l'enfant son petit trésor. Vite, il le prend et l'avale. « Présage vraiment merveilleux, ajoute le vieil auteur; d'instinct, le grand docteur aime, étant encore au berceau, celle que sa bouche, ses écrits et son cœur glorifieront toujours. »

Les vues du Seigneur sur cet enfant prédestiné s'annoncèrent bientôt plus clairement que par des présages; car avec les mois, les années, se développaient en Thomas cette douceur attachante, cette égalité d'humeur, cette aimable modestie qui le faisaient chérir et déjà respecter. Chez lui, point de ces emportements sans raison, de ces mouvements de colère, de ces caprices qu'on remarque dans les enfants. Dieu semblait déjà posséder son jeune cœur et y régner en maître.

Et pour les pauvres! si tendre et si vive était sa compassion que tout ce dont il pouvait disposer était pour eux. Mais bien faibles sont les ressources d'un enfant, et promptement les siennes étaient épuisées. Alors, les mains vides, il courait vers ses parents et leur demandait avec tant d'instances et des regards si éloquents de nouveaux secours pour ses protégés, que Landulphe et Théodora, ravis d'avoir un tel fils, ne savaient rien lui refuser. Ce qui relevait encore ces belles qualités naturelles, c'est que déjà elles étaient vivifiées par une piété précoce dont l'ardeur croissait de de jour en jour. On le voyait, tout jeune qu'il fût, s'acheminer souvent vers la chapelle du château, y prier et longuement s'y complaire en la présence de Dieu, comme s'il se fût essayé à puiser de loin, dans son sein, les prémices des vives lumières qui devaient plus tard éclairer son esprit et des grâces dont son âme devait être comblée.

Quand une famille est dotée d'un tel enfant par la Providence, les autres peuvent être moins heureusement partagés. Thomas avait deux frères aînés, Landulphe et Raynald, natures peu mystiques, on le verra, ce qui ne les empêcha pas d'être de braves officiers, et, après de longues épreuves, de mourir en excellents chrétiens. Il avait aussi deux sœurs. L'une, conquise à Dieu par notre saint, devint abbesse de Sainte-Marie de Capoue ; l'autre vécut dans le monde.

Les premières années de Thomas s'écoulèrent, simples et limpides, au château de Rocca-Secca, sous les yeux de ses parents dont il était l'enfant de prédilection, tant, dans un âge si tendre, il montrait d'intelligence et de sûreté de jugement ; car déjà il cherchait à se rendre compte de toute chose avec une pénétration merveilleuse. Une si riche nature demandait une culture immédiate ; aussi Landulphe et Théodora, quoi qu'il en pût coûter à leur tendresse, résolurent de le confier à son oncle Sinibalde, prieur de la célèbre abbaye du Mont-Cassin. On ne pouvait le remettre à un guide plus habile et plus dévoué. Sinibalde a laissé dans les annales bénédictines la réputation d'un saint religieux et d'un maître accompli.

L'enfant n'avait que cinq ans. Mais à cette

époque les parents, tout en aimant leurs enfants aussi tendrement que nous aimons les nôtres, n'usaient pas envers eux de ces ménagements infinis, de ces soins minutieux, de ces gâteries qui amollissent le corps en même temps qu'elles énervent l'âme. Il fallait que l'enfant fût aguerri dès le berceau, car il devait, l'enfant noble surtout, entrer bien jeune dans les sévères carrières des armes ou de l'Église.

C'était aux monastères, devenus alors les asiles de la science, que la noblesse confiait presque toujours la première éducation de ses fils. On s'y appliquait, avant tout, à tremper fortement les caractères. Une vie dure, une discipline austère, des exercices de tous genres étaient nécessaires pour assouplir les volontés et former l'esprit et le cœur de ces jeunes seigneurs habitués à être obéis et à voir souvent la force primer le droit.

Bien que Thomas dût trouver dans les religieux du Mont-Cassin des maîtres habiles qui lui prodigueraient tous leurs soins, ses parents ne voulurent pas l'éloigner de la maison paternelle sans lui donner un gouverneur. Chaque jeune seigneur avait le sien « ne le quittant jamais, assistant à son lever, à son coucher, lui apprenant le beau langage, lui inculquant les belles manières et..... l'empêchant de trop manger[1] ».

Donc Thomas partit pour « le moûtier », avec le gouverneur qui devait rester près de lui, tout le temps de ses études.

1. Léon Gauthier, *La Chevalerie*, treizième siècle. Enfance du Baron.

CHAPITRE II

MONT-CASSIN

A peu de distance de Rocca-Secca, sur les confins de la Campanie et du Samnium, « au « centre d'un large bassin entouré d'abruptes « et pittoresques hauteurs se dresse un mont « isolé, escarpé, dont la cîme vaste et arrondie « domine à la fois le cours du Liris, encore « voisin de sa source, la plaine ondulée qui « s'étend au midi vers les plages de la Médi- « terranée et les vallées qui s'enfoncent au « nord, à l'est et au couchant dans les plis de « l'horizon montagneux : c'est le Mont-Cas- « sin[1]. » Lieu privilégié où la Providence, avant de conduire Thomas, avait, vers le com-

1. M. de Montalembert, *Moines d'Occident*, t. II, p. 180.

mencement du sixième siècle, conduit Benoît, le plus illustre fondateur des ordres religieux d'Occident. Comme il fuyait sa retraite de Subiacco où les peuples, accourant, ne le laissaient plus libre de vaquer à la contemplation, il s'enfonça dans les gorges de la Campanie redevenues, depuis la chute de l'empire, à demi sauvages et toutes couvertes de fourrés remplies de bêtes féroces. Passant au pied du Mont-Cassin, il fut charmé par la beauté du site; et il résolut, ou plutôt Dieu lui inspira, d'y planter sa tente.

Çà et là sur le flanc de la montagne, des maisons détruites attestaient le passage des barbares; sur sa cîme et entouré *du bois sacré* s'élevait un temple d'Apollon, où les populations, encore à demi payennes, venaient adorer le dieu et lui offrir des sacrifices dans l'épaisseur de la forêt.

Touché de pitié, Benoît enseigna à ces malheureux les vérités de la foi, adoucit leurs mœurs et leur enseigna à cultiver la terre; puis il brisa l'idole, coupa ces bois abominables, et, en face de ces larges horizons où la nature par sa puissance et sa majesté chante un hymne grandiose à la gloire de Dieu, il substitua au temple de la fausse science et de la fausse sagesse personnifiées par Apollon, un double oratoire dédié à saint Martin et à saint Jean-Baptiste.

En vain l'ermite de Subiacco avait cherché la solitude, la solitude le fuyait; et sa nouvelle retraite fut bientôt envahie par de nombreux disciples. Il leur donna une règle si sage, si céleste que tous les monastères d'Occident l'adoptèrent à l'envi, s'inspirant de l'homme de Dieu, imitant ses vertus et s'appliquant, à son exemple, à exprimer dignement par les pompes de la liturgie les aimables et radieux mystères de notre religion. Convaincus que la foi n'a point de pire ennemi que l'ignorance, les moines du Mont-Cassin fondèrent une école dont la réputation ne tarda pas à s'étendre au loin. Beaucoup de familles nobles de la ville de Rome s'empressèrent de confier leurs enfants à ces pieux cénobites dont l'existence leur paraissait plus angélique qu'humaine. C'était le patrice

Tertulle qui leur conduisait son fils; c'était le sénateur Equice qui leur amenait l'aimable enfant qui devint plus tard saint Maur, et dont les annales bénédictines se complaisent à vanter la douceur et l'obéissance.

Cet admirable couvent inspirait une telle vénération qu'au moindre danger qui le menaçait peuples et seigneurs, faisant trêve à leurs querelles, s'unissaient pour le protéger. Plus d'une fois, en pareil cas, les ancêtres de Thomas s'étaient distingués par leur dévouement en se déclarant les défenseurs de l'abbaye. Aussi les moines, reconnaissants des longs et signalés services rendus par la maison d'Aquin, furent heureux de prodiguer leurs soins au jeune comte dont la première éducation leur était confiée.

Dès que l'enfant eut franchi les portes du monastère, il se trouva comme dans son élément. La paix, le recueillement, la solitude du cloître, les fréquentes prières, les longues heures d'études répondaient aux plus intimes aspirations de sa belle âme et de son esprit.

Merveilleuse était son attention quand les religieux enseignaient les vérités profanes et surtout les vérités de la foi ; étonnantes étaient ses réponses quand ils l'interrogeaient ; plus étonnantes encore les questions qu'il adressait à ses maîtres. Les bons moines voyaient avec joie les rapides progrès de leur nouveau disciple ; ils n'avaient pas un élève faisant présager de si hauts talents, pas un montrant autant d'amour pour la vertu.

Aussi, dans cette solitude bénie, les jours coulaient doucement pour Thomas, qui paraissait « ne craindre que l'oisiveté et n'aimer que ce « qui le pouvait rendre meilleur [1]. » La pensée de Dieu qui, invisible, voit tout et est partout, planait sur la vie du pieux enfant. C'était en sa présence qu'il se tenait toujours, c'était à lui qu'il rapportait ses pensées, ses études ; pour lui seul qu'il travaillait. Dieu avait répété à l'oreille de son cœur les paroles qu'il avait autrefois adressées à Abraham : « *Ego omnipo-*

---

1. Bollandistes.

tens: ambula coram me, et esto perfectus. Je suis le Dieu Tout-Puissant : marche en ma présence et sois parfait [1]. »

Apprendre, obéir, prier était le seul plaisir de l'écolier. Point de paroles inutiles, de conversations vaines, de jeux puérils ; déjà grave comme un petit docteur, pur comme un ange, simple comme un enfant, il édifiait maîtres et condisciples. Il parlait avec tant de charme que souvent au milieu des récréations les cris joyeux cessaient et on voyait alors, se pressant autour de Thomas, un essaim de jeunes têtes brunes et blondes derrière lesquelles apparaissait, parfois, la tête grise d'un religieux qui, en silence, prêtait une oreille attentive aux discours de l'enfant.

Non, certes, ce n'était pas un enfant ordinaire que celui qui toujours demandait à ses maîtres : « qu'est-ce que Dieu ? qu'est-ce que Dieu ? » mais encore, continuait-il avec la persistance d'un enfant : « qu'est-ce que Dieu ? »

---

1. *Genèse*, chap. XVII, v. 1.

Je ne le puis connaître et je ne dois pas vivre content si je ne le connais. »

« Je sais que nous devons nos cœurs et nos adorations à Celui qui nous a faits ce que nous sommes ; mais apprenez-moi donc ce qu'il est, afin que je l'aime, sinon autant qu'il est aimable, au moins autant que je suis capable d'aimer [1]. » Et, sans cesse, il demandait, qu'est-ce, qu'est-ce que Dieu ?

Comment répondre à cette question que lui-même, devenu prince des docteurs, se confessait impuissant à résoudre : *A narratione ejus deficiunt omnes*. A le narrer tous défaillent.

Sinibalde prévoyant ce que pouvait devenir son neveu, s'il répondait à la grâce, conseilla à son père de le reprendre et de l'envoyer étudier dans une Université.

C'est ainsi que **saint Thomas s'éloigna du noble et poétique sanctuaire où le génie de saint Benoît avait fondé la nouvelle et étroite alliance de la science et de la religion, de la civilisation**

---

1. Bollandistes, P. Touron.

et du christianisme, et où Thomas, destiné à affermir et à développer l'œuvre intellectuelle de Benoît, se trouva initié par les fils du patriarche aux lettres profanes et sacrées.

Là, les bénédictins transmirent au futur docteur angélique, au futur commentateur d'Aristote et de Platon, les traditions de la vie monastique en même temps que le haut respect de cette antiquité dont tout, au Mont-Cassin, rappelait le glorieux souvenir.

Tout près, au flanc de la montagne, Casinum illustré par Varron, « ce bénédictin payen, dont les fils de saint Benoît se plurent longtemps à honorer la mémoire [1] » ; plus loin, Aquin déjà célèbre pour avoir donné le jour à Juvénal, avant d'être la patrie de notre angélique enfant; là-bas, Arpinum où naquit Cicéron, ce beau génie, ce grand caractère, « cet homme faisant honneur à l'homme [2]. »

---

1. Comte de Montalembert, *Moines d'Occident*, t. II.
2. Exclamation de Montecuculli, en apprenant la mort de Turenne.

Le jeune voyageur quitta, non sans regret, l'asile où Dieu s'était révélé à son âme ; les religieux ne l'accompagnèrent que jusqu'au seuil du monastère mais le suivirent de leurs prières et de leurs vœux.

L'ordre de Saint-Benoît venait de préparer à l'ordre naissant de Saint-Dominique et à l'Église universelle, le prince des Docteurs.

CHAPITRE III

COURT SÉJOUR AU CHATEAU DE LORETTE

Thomas, accompagné de son gouverneur, vint rejoindre ses sœurs et ses parents qui, en ce moment, résidaient à leur château de Lorette. Se trouver réunis après une si longue absence était un grand bonheur ; pas complet cependant, car les deux frères de Thomas manquaient à cette fête : ils étaient à l'armée.

Ces deux aînés, ambitionnant la carrière militaire, y avaient été préparés dès leur bas âge. De petites flèches, de petits arcs leur avaient été mis entre les mains. « Faisant honneur à « leurs maîtres de chasse et d'armes, ils avaient « promptement appris à faire voler l'oiseau, le « tenir, l'appeler ;... humant l'air frais du matin « sans faire d'idylle ni la cueillette des fraises

« et des fleurs *emmy* les bois, ils avaient vite
« su découvrir la trace du sanglier et du cerf
« sur la terre humide et le gazon fin[1]..! » Et, dès
qu'ils eurent acquis ce qui pouvait leur être
enseigné au donjon paternel, le comte d'Aquin
les avait envoyés, selon l'usage, à la *cour de*
l'empereur.

Bien différente avait toujours été la nature
méditative de notre cher enfant qui, tout petit,
aimait les livres par instinct. Pleurait-il ? —
vite, on lui donnait quelques vieux manuscrits ;
et pendant que sa petite main s'amusait à les
feuilleter, comme par enchantement ses larmes
étaient taries. Or ces goûts innés pour la
science et la piété n'avaient fait que s'accroître ;
aussi Théodora découvrait chaque jour en son
fils de nouvelles perfections. Tout ce qu'un
enfant peut réunir pour flatter l'ambitieux
orgueil d'une mère, — et toutes sont un peu
comme la mère des fils de Zébédée, — la comtesse d'Aquin le trouvait chez ce fils de prédi-

---

[1]. Léon Gautier, *La Chevalerie*, treizième siècle.
« Enfance du Baron », p. 354.

lection sur lequel elle fondait les plus brillants rêves d'avenir.

Thomas avait l'esprit juste, vif, élevé. Il parlait peu, mais toujours avec à-propos et grâce. Gai, agréable, d'une humeur charmante et d'une grande beauté, il se faisait aimer de tout le monde. Landulphe, Théodora et les hôtes du château s'émerveillaient de rencontrer, dans un âge encore si tendre, tant de savoir uni à tant de modestie et de recueillement, car dans la demeure paternelle, comme à l'abbaye, Thomas partageait son temps entre l'étude, la prière et les bonnes œuvres. En lui brillait la vertu des élus « la charité », une charité compatissante, généreuse, ne procédant plus seulement, comme à Rocca-Secca, d'heureuses dispositions naturelles mais d'un principe plus élevé : l'amour de Dieu. Aimer Dieu, le servir, mériter le ciel, était le but vers lequel convergeaient toutes les pensées et toutes les actions de l'angélique adolescent.

Les guerres incessantes dont l'Italie était alors le théâtre avaient attiré sur tout le pays d'effroyables calamités. Les gens de la campagne, pillés ou rançonnés sans trêve ni merci, étaient réduits à la dernière détresse ; et des pauvres, des blessés, des malades se pressaient chaque jour aux portes du château.

Si, tout enfant, Thomas n'avait pu supporter la vue d'un malheureux sans avoir « le cœur percé de douleur », qu'éprouva-t-il, alors ?.. Il eût voulu sécher toutes les larmes, soulager toutes les misères[1]. » Or les très larges aumônes que Landulphe et Théodora le chargeaient de distribuer ne suffisant pas à son cœur, souvent, très souvent, il en sollicitait de nouvelles. Même il fut accusé, — écoutons la légende, — d'aller le soir, furtivement, à travers les longs corridors du château, dérober à l'office pain, viande, légumes, pour les porter à ses protégés.

Un jour, son très redouté seigneur et père, prévenu de ses larcins, le guette, le surprend, l'arrête au passage et lui commande de décou-

---

1. Bollandistes.

vrir ce qu'il cache ainsi dans les plis de son vêtement. L'enfant obéit : ô merveille... ! rien que des fleurs odoriférantes qui se répandent sur ses pieds et sur ceux de son père [1].

Théodora n'eût pas voulu se séparer d'un fils dont les aimables qualités répandaient tant de charme autour de lui; sa tendresse vigilante redoutait aussi pour son innocence le contact des écoles. Elle proposa à Landulphe de garder Thomas et de lui faire achever ses études aux château. Le comte d'Aquin refusa; rien, à son avis, ne pouvant compenser les leçons de maîtres choisis et éprouvés. Il décida que, malgré son jeune âge, Thomas irait, accompagné du gouverneur qui déjà l'avait suivi au Mont-Cassin, étudier à l'université de Naples. L'écolier avait alors environ treize ans [2].

Ce ne fut pas sans une profonde douleur que

1. Sainte Élisabeth de Hongrie, dans une circonstance analogue, fut favorisée du même prodige.
2. Dix, suivant certains auteurs.

Théodora vit s'éloigner son fils, pauvre enfant qui, jusque là, n'avait vécu que dans une atmosphère de paix, ignorant les périls que rencontrerait son innocence. Qu'allait-il lui advenir? — Et son cœur de mère était rempli d'angoisses.

CHAPITRE IV

NAPLES

Thomas étant au château de Lorette, non loin de Bologne, la célèbre université de cette époque, pourquoi l'envoyer à Naples?

Le comte et la comtesse d'Aquin n'avaient guère à hésiter. Bologne s'étant liguée avec les cités lombardes révoltées, Frédéric, furieux, résolut d'humilier et de ruiner cette ville en dispersant les nombreux écoliers qu'attiraient ses maîtres savants, et à qui elle devait sa renommée et ses richesses.

Pour atteindre ce but, il créa l'université de Naples, qu'il dota de franchises et de privilèges; il y appela Pierre d'Hibernie, l'homme le plus instruit de son temps dans les sciences naturelles, lui accordant une pension, énorme pour cette époque : douze onces d'or par an. Par d'autres largesses, il attachait à la nouvelle université une foule d'excellents maîtres et il assurait aux écoliers toutes sortes d'avantages pour se nourir et se loger.

Mais comme cette belle protection accordée aux lettres n'était qu'une mesure politique, une vengeance contre Bologne, le bizarre souverain interdit un instant à tous ses sujets de fréquenter aucune autre université que celle de Naples. Cet édit excessif ayant été promptement révoqué, Landulphe, par conséquent, se trouvait libre dans son choix ; néanmoins, en serviteur zélé, peut-être en bon courtisan, il crut devoir témoigner son attachement à son suzerain en préférant Naples, plus éloignée de Lorette mais plus proche d'Aquin et de Rocca-Secca.

Tel fut le motif politique auquel l'université de Naples dut la gloire de compter au nombre de ses élèves celui qui devait s'appeler un jour l'*Ange de l'école*.

N'avoir goûté que la paix du cloître et les

douces joies du foyer paternel, puis, tout à coup, se réveiller dans une grande ville agitée, au milieu d'étudiants réputés pour leur turbulence et leur indiscipline, eût été une épreuve ordinaire et supportable pour des âmes communes, mais pour l'exquise nature de Thomas ce fut un supplice.

Arrivé à l'université, Thomas eut en même temps Pierre d'Hibernie pour maître de physique et de philosophie et Pierre Martin pour maître de rhétorique. Quelle attention il prêtait à leurs leçons! avec quel soin il suivait les raisonnements, avec quelle ardeur il s'attachait à résoudre les difficultés proposées! Grâce à sa pénétration naturelle, à son assiduité au travail, il fit là encore de si merveilleux progrès, que les leçons des doctes professeurs semblaient, d'après la chronique, devenir plus claires et plus précises quand elles passaient par la bouche de l'écolier.

L'intelligence de Thomas rayonnait d'un éclat si vif, ses succès étaient si constants, que son nom, franchissant l'enceinte de l'école, volait de bouche en bouche. A Naples il n'était question que de lui, chacun s'entretenait de Thomas, « *Thomas, l'adolescent divin*[1]. »

Il ne fut pas longtemps sans s'apercevoir des pièges et des dangers qui l'environnaient. La plupart de ses nouveaux condiciples appartenaient aux familles de la noblesse italienne qui avaient tenu le parti de Frédéric II. Or on sait quels désordres régnaient dans les armées et à la cour de ce prince. Là s'étaient corrompus trop de gentilshommes qui, de retour dans leurs châteaux, n'avaient donné à leurs fils que de pernicieux exemples. Aussi la plupart des étudiants de Naples étaient-ils, sous un certain vernis d'élégance et de bonnes manières, foncièrement grossiers, pleins d'horreur pour l'étude, n'ayant souci que des plaisirs et de la débauche.

Les alarmes de Théodora n'étaient donc pas vaines; mais son fils, comme l'oiseau qui rase la terre pour y chercher sa nourriture et re-

1. Bollandistes.

prend son vol vers les cieux, allait passer au milieu de la corruption, en conservant son innocence ; car un maître intérieur lui enseignait la vertu et le conduisait rapidement dans les voies du ciel.

Saint Thomas se rappelant les paroles de Notre-Seigneur, « veillez et priez », s'arme de vigilance, augmente ses prières, s'éloigne de ses condisciples dès que leur actes ou leurs conversations lui paraissent répréhensibles ou suspectes, et, par une application constante, soumet ses sens à sa raison.

Pendant que trop d'étudiants oubliaient leurs devoirs dans les fêtes et les orgies, lui, notre jeune saint, aussi avide de se sanctifier que de s'instruire, s'enfermait dans quelque retraite pour écrire, travailler ou s'adonner à l'oraison ; et l'oraison faisait pleuvoir incessamment sur son âme la rosée rafraîchissante et fructifiante de la grâce. Seuls, les pauvres, les grands amis de son enfance, avaient conservé le privilège de l'arracher à son labeur ou à ses prières ; à eux tout l'argent destiné à ses plaisirs ; pour eux tous les instants dérobés à ses travaux.

C'est ainsi que Dieu gardait pure cette âme qui devait refléter les grandes vérités de la science et de la religion. L'avancement spirituel et l'application à l'étude marchaient de pair chez Thomas ; disons mieux, ses progrès spirituels étaient plus rapides encore que ses progrès dans les lettres.

Le tableau des calamités publiques nées de ces querelles sans fin qui désolaient l'Italie, divisant papes et empereurs, armant villes contre villes, princes contre princes ; l'inconstance de la fortune, le néant des choses qu'on recherche et estime, le spectacle d'un vice éhonté, même chez ses condisciples ; enfin — remarque importante de son vieil historien — « les exemples de cupidité et d'oubli de Dieu
« incessamment donnés par ceux même que
« l'abus plutôt que la religion appelle commu-
« nément les honnêtes gens du monde, tout
« conspirait pour augmenter chez Thomas
« cet éloignement des vanités du siècle,

« qu'on avait remarqué en lui dès son en-
« fance [1]. »

Il y avait à Naples une colonie des fils de saint Dominique ; l'ordre, tout nouveau qu'il fût, comptait déjà dans son sein des hommes tels que Conrad le Teutonique, le B. Jourdain de Saxe, Albert le Grand. Thomas attiré par le double charme de leur savoir et de leur piété les aima dès qu'il les connut.

Les fréquents entretiens qu'il avait avec ces grands serviteurs de Dieu, particulièrement avec le P. Jean de Saint-Julien, « homme tout rempli de l'esprit de Jésus-Christ », portaient la joie et la consolation dans son cœur. Il ne le quittait jamais sans se sentir « plus zélé pour la gloire de Dieu, plus désireux de sa propre sanctification », plus résolu à mépriser les brillantes espérances que lui assuraient dans le monde son nom et la haute situation de sa **famille.**

1. P. Touron, p. 28.

Qu'importaient à cet esprit méditatif les intrigues et les compétitions qui, déchirant l'Allemagne et l'Italie, servaient de marche-pied à tant d'ambitieux ? Qu'étaient pour lui : fortune, honneurs, conquêtes ? Il se tenait dans une sphère plus élevée et ses horizons étaient plus larges.

A la question de l'enfant du Mont-Cassin « qu'est-ce que Dieu ? » le Seigneur avait répondu : « Je suis Celui qui suis[1] » ; et les créatures lui répétaient, à l'envi : « nous sommes celles qui ne sommes pas[2] » ; Dieu est immuable, éternel, infini et nous, nous sommes changeantes, mortelles ou corruptibles, et devant Lui comme néant[3].

---

1. *Exode*, chap. III, v. 14 : « Dieu dit à Moïse : Je suis Celui qui suis ; et il ajouta : tu parleras ainsi aux fils d'Israël : *Celui qui est* m'a envoyé vers vous. »

2. « Je suis celle qui ne suis pas. Si je disais que je « suis quelque chose, je mentirais... Vous êtes le bien « infini, éternel, et nous sommes ceux qui ne sommes « pas ; vous êtes infini, et nous sommes finis. » (Sainte Catherine de Sienne, *Traité de la prière*, chap. CXXXIV § 3 et 5.)

3. Ps. 38, v. 6. Voir aussi *Sagesse*, chap. II, v. 2 ;

Or, Thomas ne voulait pas s'attacher à ce qui passe, ni servir ce qui n'est, en soi, que misère ou néant[1].

Souvent, dans la chapelle des fils de saint Dominique, il venait prendre conseil de Dieu même. On le voyait alors passant de longues heures dans l'oraison, conjurant le Seigneur de lui faire connaître sa volonté. Son cœur proférait déjà cette prière que plus tard il devait formuler dans un si beau langage :

« O vous, qui m'avez tant aimé, Jésus qui
« êtes ici véritablement un Dieu caché, écoutez-
« moi, je vous en conjure.

« Que votre bon plaisir soit mon unique
« plaisir, ma passion, mon amour. Donnez-
« moi la grâce de le chercher en tout, de le
« trouver et de l'accomplir. »

« Montrez-moi vos sentiers ; dirigez mes pas.
« Vous avez vos desseins sur moi, dites-les

Isaïe, chap. LX, v. 17 et chap. XLI, v. 24 ; Galates, chap. VI, v. 3.

1. Voir à la fin du volume la note A et une savante remarque de M. l'abbé Paliez, du clergé de Paris.

« moi et donnez-moi la force de les accom-
« plir[1]. »

L'adolescent était embrasé de l'amour divin et on raconte qu'un jour, pendant qu'il faisait oraison dans la chapelle des dominicains, son visage parut tout rayonnant de lumière. Il avait alors environ seize ans.

Le jeune étudiant de plus en plus décidé à se donner à Dieu, crut devoir s'ouvrir de ses projets à son gouverneur qui, en toute hâte, prévint le comte d'Aquin. Peu après, une lettre de Thomas même, demandant à son seigneur et père la permission de prendre l'habit de Saint-Dominique, vint jeter la consternation à Rocca-Secca. Quoi ! le fils des puissants comtes d'Aquin entrerait dans cet ordre nouveau, chez des moines mendiants ! Non, non ; et tout fut tenté par la famille d'Aquin pour lui faire abandonner ce projet insensé.

Lui, sûr de sa vocation, obéissant aux impulsions de la grâce, ne se découragea pas, réitéra

[1]. Prière de saint Thomas au Saint-Sacrement. Traduction libre.

sa demande; et Landulphe, moitié vaincu, moitié résistant, permit à son fils de prendre le saint habit.

La cérémonie eut lieu à Naples, vers 1243, dans l'église des Prêcheurs en présence d'une foule curieuse. Et tandis que les bons frères, dit le naïf historien de notre saint, ne pouvaient assez remercier le Seigneur du présent qu'il faisait à leur ordre, la plupart des autres assistants pensaient différemment : « La retraite d'un jeune prince de si grande espérance étonnait tout le monde. Chacun, considérant ce qu'il quittait et ce qu'il embrassait, parlait de cette action selon ses inclinations et ses lumières. Si quelques mondains louèrent un parti qu'ils n'auraient pas imité, d'autres le blâmèrent franchement, accusant le jeune homme d'être inconsidéré et les religieux imprudents et cupides [1]. »

Pendant que ces pensées agitaient les spectateurs, l'heureux novice, tout en Dieu, recevait des mains du prieur Thomas d'Agni les saintes livrées de la pénitence ; et sa nouvelle famille,

1. P. Touron, chap. IX, p. 17.

rangée autour du chœur, entonnait ce chant d'allégresse : « Rien ne me manquera, le Seigneur est ma part, il m'a placé dans un gras pâturage [1]; » car ils reçoivent des grâces abondantes ceux qui se courbent sous votre joug très saint, ô mon Dieu.

Qu'étaient-ce que ces frères Prêcheurs, ces nouveaux venus dans l'Église, pour avoir su conquérir ce jeune et brillant seigneur? Et pourquoi l'attrait de la vie religieuse ne l'avait-il pas conduit chez les franciscains, ou les bénédictins ses premiers maîtres, ou enfin dans quelqu'autre ordre?

Non, c'était bien chez les dominicains que Thomas se trouvait appelé par ce Dieu de l'harmonie qui « au ciel et sur la terre, appelle cha-
« que ange et chaque homme à telle place et
« à telle fonction.

« Chacun des différents ordres des Esprits
« angéliques est appliqué dans le ciel à la
« louange et à l'adoration de quelqu'une des

[1]. Office.

« grandeurs de Dieu. Les Séraphins rendent
« hommage à son amour ; les Chérubins à sa
« lumière ; les Trônes à sa majesté ; et ainsi
« des autres... De même, sur la terre, par l'or-
« dre et l'instinct du Saint-Esprit, Dieu partage
« et applique les hommes à l'adoration des
« mystères et des vertus de son divin Fils...
« Chacun des divers ordres religieux ou des
« congrégations, chaque fidèle est appelé de
« Dieu à honorer sur la terre quelques mystè-
« res ou perfections de Jésus-Christ ou de son
« corps mystique ou à satisfaire à quelques
« besoins particuliers[1]. »

Au treizième siècle s'était ouverte une lutte énergique contre les deux grands maux qui minaient et minent toujours la société : le matérialisme et l'ignorance. Et vers cette époque le Seigneur fit voir en songe, à Innocent III effrayé, deux hommes soutenant à eux seuls l'édifice chancelant de l'Église ; ces deux hommes étaient saint Dominique et saint François

---

1. M. Olier. *Vie intérieure de la très sainte Vierge*, chap. XIX, n° 1.

d'Assise ; François, l'époux de la pauvreté, l'adversaire du matérialisme ; Dominique, l'apôtre de la science.

« Oui, dit plus tard le Seigneur à sainte
« Catherine de Sienne, oui, Dominique et Fran-
« çois étaient vraiment les colonnes de l'Église,
« François par la pauvreté, Dominique par la
« science. »

« Tu me diras, ma fille, est-ce que les autres
« ordres ne sont pas fondés sur la pauvreté ? Si,
« assurément, mais pour tous elle n'est pas la
« chose principale.

« François donna le premier l'exemple de
« ce mariage avec la sainte pauvreté, — sans
« pourtant ni mépriser, ni délaisser la science,
« — tandis que ton père Dominique[1], mon
« fils bien-aimé, a parfaitement tout disposé
« pour m'*honorer et sauver les âmes par la*
« *science*... mais sans renoncer à la pauvreté
« volontaire ; il l'a embrassée aussi, laissant
« pour toujours dans son testament à ses fils

1. Sainte Catherine appartenait au tiers-ordre régulier de Saint-Dominique.

« sa malédiction et la mienne sur tous ceux
« qui posséderaient ou retiendraient quelque
« chose d'une manière générale ou particu-
« lière [1]. »

La vocation de saint Thomas semble ici résumée dans celle de son père saint Dominique. La science pour honorer Dieu et sauver les âmes ; la science appuyée sur la pauvreté, sur cette vertu qui, déprenant l'homme de l'attrait des choses qui passent, lui rend la liberté de l'esprit. Pauvreté, mortification, victoire sur les passions telle est en effet la première condition de l'homme d'étude.

On comprend maintenant la devise de saint Dominique : pauvreté et science ; et on s'explique pourquoi l'Ange de l'École, ayant pour mission d'honorer Dieu et de sauver les âmes par la lumière de la science, fut appelé chez les Prêcheurs.

Mais encore, pourquoi notre saint n'est-il pas entré chez les bénédictins, ces séculaires amis

---

[1]. Sainte Catherine de Sienne, dialog., *Traité de l'Obéissance*, chap. CLVIII.

de l'étude? C'est qu'au génie céleste de Thomas, à ce lys incomparable, il fallait une terre vierge. Les dominicains, dans la fraîche et virginale ferveur de leur observance primitive, n'avaient pas eu besoin de ces réformes qui, malgré tout, ne réparent qu'une partie des maux et des scandales; tandis que les fils de saint Benoît dégénérés commençaient, comme dit Rohrbacher, à s'endormir dans les richesses amollissantes de leurs trop somptueuses abbayes [1].

[1]. Voir Rohrbacher; et le P. de Ratisbonne, *Vie de saint Bernard*.

CHAPITRE V

ÉPREUVES, CAPTIVITÉ

Landulphe était mort après avoir acquiescé aux vœux de son fils. Théodora, ne subissant plus la salutaire influence de son mari, donna un libre cours à sa douleur quand elle apprit que Thomas venait d'entrer en religion. C'en était fait, ce fils de prédilection était devenu moine mendiant, était perdu pour elle, pour sa famille! Et les plaintes, les murmures de ses vassaux regrettant leur jeune seigneur ne faisaient qu'augmenter le courroux de la comtesse.

Sans différer, elle court à Naples, vole au couvent, demande son fils. Thomas, instruit du voyage et du dessein de sa mère, redoutant ses supplications déchirantes, résolu de persévérer dans sa vocation, demande avec larmes au prieur, Thomas d'Agni, la permission de quitter la ville. Sur l'heure, accompagné de quelques religieux, il s'achemine vers Rome où les Prêcheurs occupaient déjà sur le mont Aventin le couvent de Sainte-Sabine.

Thomas franchit avec allégresse la porte de ce monastère longtemps régi par Dominique et encore tout embaumé du parfum de ses vertus. Là, tout ce qui frappe les yeux du novice est enseignement ; car tout parle : croix, amour, et aussi triomphe; c'est le corps de sainte Sabine reposant sous le maître-autel au lieu même de son martyre ; puis, à chaque pas, le souvenir du patriarche Dominique et de ses héroïques disciples, de ceux qui, les premiers, tracèrent le sillon.

Reçu avec effusion dans cette solitude bénie, Thomas a à peine le temps de retremper son âme et de remercier Dieu, que la comtesse d'Aquin se montre au parloir. Elle demande son fils avec instance, menaces ; elle le veut, c'est son fils ; elle parle en princesse connaissant son pouvoir, et habituée à être obéie.

Dans ces conjonctures délicates, les religieux tiennent conseil; mais le novice, toujours ferme dans sa voie, sollicite énergiquement la faveur d'être envoyé à Paris. On prie, on se consulte; de rechef Thomas reprend son bâton encore couvert de la poussière de la première route, et le voilà sur les chemins de France, escorté de quelques frères.

Blessée dans ses affections, blessée dans son amour-propre, Théodora ne renonce pas à sa poursuite. Raynald et Landulphe, ses deux autres fils, ne sont-ils pas dans l'armée de Frédéric, en Lombardie? Elle leur mande que leur frère, en compagnie de moines-mendiants, s'achemine vers la France : « Interceptez-lui les routes; et, sous bonne escorte, envoyez-le moi à Rocca-Secca. » Double plaisir pour les deux guerriers, faire un coup de main et venger leur mère.

Thomas, sans se douter du péril, poursuivait tranquillement son voyage; mais un jour que, fatigué, il se reposait, entre Sienne et Bolsenna, à Acqua-Pendente, il se voit subitement entouré d'hommes d'armes qui attaquent son escorte et la dispersent. Qu'on juge de sa stupéfaction en reconnaissant ses frères dans ses agresseurs ! Ils le frappent, essaient même, inutilement, de lui enlever sa robe, puis le dirigent sur Rocca-Secca où sa mère, la comtesse d'Aquin, l'accueille avec la plus vive joie ; c'est avec tendresse qu'elle lui parle, le passé paraît effacé. Le voilà dans le château de ses pères, enlevé à l'influence des Prêcheurs ; sûrement, se dit Théodora, il ne restera ni sourd à mes prières, ni insensible à ma douleur.

« Mon fils, mon cher fils, vous voulez donc,
« par une vaine opiniâtreté ou par une dévotion
« exagérée, faire mourir votre mère ?

« Avez-vous songé, mon fils, qu'il est ordi-
« naire aux jeunes gens de se laisser séduire
« par de fausses apparences ? Combien ont eu
« sujet de regretter d'avoir pris pour une mar-
« que de vocation les premiers mouvements
« d'une piété mal réglée ?

« Tenez-vous-en, mon fils, à l'ordre établi

« par la Providence. La marque la plus sen-
« sible de la volonté de Dieu, c'est la volonté
« des parents.

« Ne peut-on opérer son salut dans le monde,
« comme le prouve l'exemple de grands per-
« sonnages qui se sont sanctifiés sur les champs
« de bataille, à la cour des rois, même sur le
« trône ?

« L'empereur honore la maison des comtes
« d'Aquin, ne détruisez pas les espérances de
« votre race. Vos pères ont contracté d'illustres
« alliances, n'obscurcissez pas la splendeur de
« votre nom. Pensez aussi à votre âge, à votre
« tempérament, aux austérités de la règle de
« saint Dominique : — vous ne persévèrerez
« pas[1]. »

Thomas reprit avec autant de fermeté que
de déférence : « Faut-il que j'aie à me défendre

---

1. L'histoire nous a ainsi conservé une partie des raisons que la comtesse d'Aquin fit valoir à Thomas pour lui faire renoncer à ses projets. *Petite Somme de saint Thomas d'Aquin*, notice par l'abbé Lebrethon, t. I, p. 54.

« contre une mère que j'aime d'un tendre
« amour et qui ne me persécute que pour m'ai-
« mer trop! Si j'ai fui pour éviter votre présence,
« si je vous ai contristée par le refus de vous
« voir, c'est que j'appréhendais la dure néces-
« sité de vous contredire ou d'être trop com-
« plaisant.

« Je sais et je sens ce que je vous dois, mais
« ma première et suprême obéissance, à qui
« appartient-elle, sinon à mon premier Père?..
« Le Seigneur a tracé à chacun de nous la voie
« par laquelle il veut nous conduire.

« J'ai des marques certaines de ma vocation,
« je ne puis plus mettre en délibération ce que
« Dieu, par sa pure miséricorde, m'a fait voir
« avec évidence.

« J'ose espérer que vous ne m'arrêterez plus,
« car Dieu lui-même me mettrait dans la dure
« nécessité de vous déplaire pour ne point
« résister à sa grâce. Mon âge, mon tempéra-
« ment, les austérités?.. pure tentation de la
« prudence humaine; nos propres forces ne
« sont que faiblesse et infirmité, les personnes

« que Dieu appelle à la vie religieuse doivent
« compter sur un autre secours, ainsi que l'in-
« diquent ces paroles : « *Ceux qui espèrent au*
« *Seigneur trouveront des forces, ils prendront*
« *des ailes et voleront comme l'aigle*[1]. »

Dieu permet que ces arguments décisifs restent sans effet sur l'esprit de Théodora, car il faut que la souffrance éprouve et instruise ce jeune homme appelé à de si hautes destinées. « Parce que tu as été agréable au Sei-
« gneur, il a fallu que la tentation t'éprouvât[2].
« Celui qui n'a pas souffert, que sait-il ? —
« Rien[3]. »

Voyant sans effet larmes, raisons, prières, la comtesse d'Aquin change de tactique; elle ne parle plus, elle agit. Si son fils l'aime, qu'il le lui prouve et se soumette, sinon qu'il soit privé de sa liberté ; et elle fait enfermer Thomas dans une des tours du château, comptant sur la soli-

---

1. Lebreton. *Petite Somme de saint Thomas d'Aquin.*
2. Tobie, chap. XII, v. 13. *Et quia acceptus eras Deo, necesse fuit est tentatio probaret te.*
3. *Eccl.*, chap. XXXIV, v. 9.

tude et la réflexion pour modifier ses sentiments.

« Tout coopère à bien pour ceux qui aiment Dieu, pour ceux qui, selon ses décrets, sont appelés à être des saints[1]. » La persécution affermit au lieu de l'affaiblir la vocation du noble adolescent. Seules, les sœurs du captif ont la permission de pénétrer dans sa prison ; elles l'aiment d'une tendresse vive, mais trop humaine ; et s'il se fait moine, — moine-mendiant surtout, — n'est-ce pas le perdre ? Elles mêlent leurs larmes à celles de leur mère, partagent sa douleur ; et Théodora les charge de continuer son œuvre. Fières de leur mission, les deux jeunes messagères ne voient dans leurs démarches que le bonheur de leur mère et celui de Thomas, elles gravissent joyeusement l'escalier de la tour ; fortes de l'affection qu'elles portent à leur frère, et qui leur est bien rendue, elles ne doutent pas du succès.

Les voilà reprenant les arguments déjà

---

[1]. *Romains*, chap. 8, v. 28.

avancés par Théodora; sans autorité, elles ne commandent pas, mais leur faiblesse devient leur force. Où la dignité de la mère empêchait la comtesse d'Aquin d'insister et d'insister encore, la douce intimité qui règne entre les sœurs et le frère fait qu'elles quittent le sujet, le reprennent, l'abandonnent, y reviennent comme en se jouant, mais non sans force. Elles prient, supplient Thomas, ne s'adressent qu'à son cœur, lui parlent de leur mère, de sa tendresse, de la douleur si profonde qu'il lui cause... bien aisément, il sècherait tant de larmes!

Si elles recommencent souvent le combat, de son côté le novice redouble ses prières, ne cessant de répéter : « Mon Dieu, venez à mon aide, hâtez-vous de me secourir, » et le Seigneur, répondant à sa voix, chaque jour renouvelait ses forces. Saint Thomas éprouvait ainsi la vérité qu'il a si bien établie comme un grand principe de sa théologie : « que le Tout-Puis-
« sant a toujours, dans son trésor, des grâces
« qui triomphent de tout et qu'il n'est pas de

« créature qui résiste à Celui qui a fait ce qui
« lui plaît au ciel et sur la terre[1] » Les jeunes
châtelaines allaient pour vaincre ; elles sont
vaincues. Les discussions qu'elles ont eu avec
leur frère leur fait envisager le monde sous un
aspect nouveau ; maintenant elles comprennent
ce que c'est qu'une vocation ; et elles ne le soupçonnaient pas. Elles admirent Thomas, compatissent à ses peines, même l'encouragent, et
ne cherchent plus qu'à adoucir les rigueurs de
sa captivité.

Les dominicains de Naples, instruits des
dispositions des sœurs du prisonnier, en profitent, et, par leur entremise, ils introduisent
dans sa prison, pour le consoler et le fortifier,
trois bons amis : la Bible, Aristote et Pierre
Lombard. La Bible fait ses délices ; il la
savoure, la médite, la commente, la grave
dans sa mémoire ainsi que le livre des sentences ; en outre, il étudie Aristote et pénètre le
génie du philosophe.

1. P. Touron, p. 50.

Admirable industrie de la Providence! ce sont ces trois livres transmis à Thomas pour adoucir les ennuis de sa réclusion qui doivent servir de triple base au monument qu'il a mission d'élever.

Cependant les aventures de la guerre ramenèrent Raynald et Landulphe dans le voisinage d'Aquin. Grande fut leur surprise de trouver leur mère affligée et leur frère insoumis! Certes, ce n'était ni dans les camps, ni à la cour de Frédéric qu'ils eussent appris à comprendre et à respecter l'angélique nature de Thomas. Résolus de réduire leur frère, et s'imaginant cet assaut plus aisé que celui de maintes forteresses, ils recourent à une de ces machinations que le diable seul inspire, et « introduisent dans sa chambre une courtisane à laquelle ils promettent une forte récompense si elle parvient à le séduire. Saint Thomas effrayé ne perd pas courage, se défie de lui-même et appelle à son secours le Dieu de toute pureté. « Seigneur, Dieu de mes pères, « Dieu de toute miséricorde, qui avez tout fait

« par votre parole, qui conservez tout par
« votre sagesse infinie, donnez-la moi main-
« tenant, cette sagesse..... et ne me rejetez pas
« du nombre de vos enfants; parce que je suis
« votre serviteur et que vous êtes seul toute
« mon espérance, ma force, mon salut[1]. » Il
s'arme alors d'un tison allumé, poursuit cette
femme et la chasse de sa chambre.

Après cette victoire, il ressentit une confusion secrète d'avoir été tenté d'une manière si humiliante. Prenant le même tison, il fit une croix sur la muraille; puis, se prosternant devant ce signe de salut, il rendit grâce à Dieu du secours qu'il lui avait accordé, se consacra de nouveau à son service, et lui demanda, les yeux baignés de larmes, de ne jamais pécher contre la vertu que le démon avait tenté de lui ravir.

Pendant qu'il priait, il tomba dans un doux ravissement durant lequel, disent tous ses anciens historiens, il fut visité par les anges.

---

1. Bollandistes.

Après l'avoir assuré, qu'avec le secours divin, il demeurerait toujours chaste, ces bienheureux esprits lui ceignirent les reins au moyen, dit la chronique, d'un cordon miraculeux qu'il ne quitta jamais [1].

Il tint, toute sa vie, ce prodige caché ; mais avant de mourir, se confessant au P. Réginald, son ami, il lui découvrit la grâce que le Seigneur lui avait faite [2].

1. Le cordon de saint Thomas fut, à sa mort, remis aux dominicains de Verceil, en Piémont ; il donna naissance à une pieuse confrérie dont les membres portent des cordons faits d'après celui de Verceil. Cette association dont le but est de conserver le trésor de la pureté est enrichie de grâces par les Papes. (Voir *Manuel du Tiers-Ordre Dominicain*, p. 587-596.)

2. Les Bollandistes, Th. de Catimpré, G. de Tocco, le P. Touron, etc., racontent que « les anges lui ceigni-
« rent les reins si étroitement et avec une si sensible
« douleur qu'elle fit cesser la suspension où il était
« de tous ses sens extérieurs. Quelques cris involon-
« taires que la souffrance arracha de sa bouche ayant
« excité la curiosité de ses gardes, ils accoururent à
« lui..... mais Thomas, maître de son secret, les ren-
« voya sans leur dire ce qui s'était passé. »

Nous avons cru qu'il serait bon de placer à côté de cette version des chroniqueurs et des Bollandistes,

Désormais, la vocation de Thomas était confirmée ; car, dit saint Anselme, « la lumière intellectuelle et la chasteté sont deux sœurs unies l'une à l'autre par les liens de la plus étroite alliance. Est-ce la chasteté qui, selon la parole du Seigneur *Beati mundo corde, quoniam ipsi Deum videbunt*, purifie le regard de l'esprit ? Ou est-ce la pureté de l'esprit qui, parvenant à spiritualiser même le corps, étend les

la lecture beaucoup plus sévère et plus réservée du bréviaire romain (office du 7 mars).

« Bientôt (après avoir chassé cette femme), le bien-
« heureux jeune homme tombe à genoux et prie
« devant le signe de la croix. Là, saisi de sommeil, il
« lui semble, durant son repos, que des anges lui
« serrent les reins.

« Et, à partir de ce moment, il fut pour jamais
« exempt de tout désir charnel. *Mox beatus juvenis,*
« *flexis genibus ante signum crucis orans, ibique somno*
« *correptus, per quietem sentire visus est sibi ab angelis*
« *constringi lumbos: quo ex tempore omni postea libi-*
« *dinis sensu caruit.* »

Aux théologiens de comparer ces deux récits, celui-ci officiel et sûr, celui-là simplement légendaire, et si contesté par de savants ecclésiastiques, que nous avons hésité à le reproduire.

limites de son royaume et s'empare des sens, comme l'indique cette autre parole évangélique, pleine de profondeur et de mystère : « Si votre œil est pur, tout votre corps sera dans la lumière [1] ? »

Ce qu'il y a de certain, c'est qu'une alliance intime existe entre ces deux grandes forces. Pas un auteur, pas un maître pouvant expliquer autrement cette clarté, cette pénétration du regard intellectuel, cette intelligence d'ange qui a fait justement surnommer saint Thomas, *le docteur angélique*.

1. Saint Anselme, *Méditations ?* ou autre ouvrage ?

CHAPITRE VI

DÉLIVRANCE

Théodora, à son insu, avait servi les desseins de la providence; son fils, pendant ces deux longues années de réclusion, avait appris « combien le Seigneur visite l'homme inté-« rieur, combien ses entretiens sont doux, « ses consolations ravissantes, sa paix inépui-« sable et sa familiarité incompréhensible[1]. »

A l'aurore de la vie religieuse de Thomas, quelle grâce que ces années bénies, pour se recueillir et se retremper en Dieu. « Plus un « homme se dégageant des choses extérieures « s'unifie et se simplifie en lui-même, plus il « conçoit sans effort des vues plus hautes et

---

1. *Imitation*, liv. II, chap. I, v. 1.

« plus élevées, parce qu'il reçoit d'en haut la
« lumière de l'intelligence¹. » Et dans cette
occurence, le Seigneur avait purifié la mémoire
de Thomas par la retraite ; illuminé son intelligence par trois livres capitaux : la Bible,
Aristote, les *Sentences* de P. Lombard ; et
enfin perfectionné sa volonté par la douleur.

Le jeune captif, nous l'avons vu, n'était pas
oublié de sa famille dominicaine qui, tout en
priant, veillait, n'attendant que l'occasion pour
réclamer celui qui s'était donné au Seigneur.

Aussi profitant, apparemment, de quelques
retours dans les dispositions, sincères ou politiques, de ce singulier prince appelé Frédéric II, les dominicains lui portèrent leurs
doléances ainsi qu'à Innocent IV qui venait de
monter sur le trône pontifical.

Indigné de l'arrestation et de l'emprisonnement d'un religieux à la porte de Rome, le
souverain pontife fait parler à la comtesse
d'Aquin ; non moins mécontent, ou feignant

1. *Imitation,* liv. I, chap. III, v. 3.

de l'être, l'empereur ordonne à Raynald et à Landulphe de rendre la liberté à leur frère. Mais, en ces temps-là, l'autorité féodale était presque absolue, l'autorité souveraine des rois et des empereurs à peine affermie; aussi les frères de Thomas firent-ils la sourde oreille.

Quant à Théodora, — comment expliquer cette étrange contradiction, — révoltée de la conduite de ses fils envers leur jeune frère, touchée maintenant de ce qu'il souffre, elle désire sa liberté; mais une dignité mal entendue, une sorte de jalousie de ses droits l'empêchent de se rendre franchement. Donc, voulant concilier ses sentiments de mère et sa dignité de princesse, elle permet à ses filles d'avertir les dominicains de Naples des nouvelles dispositions de son esprit.

Sans retard, la délivrance du prisonnier est concertée avec les prêcheurs. Théodora, simulant l'ignorance, permet à ses filles de faire descendre par une fenêtre, la nuit venue, le captif blotti dans un panier.

Des religieux, au pied de la tour, le reçoivent dans leurs bras et le conduisent au couvent, où il est accueilli avec une immense allégresse. Peu après, Thomas faisait sa profession solennelle entre les mains du P. Thomas d'Agni de Leotino qui lui avait donné le saint habit.

Reportons-nous au treizième siècle, avant de juger trop sévèrement Théodora. Dans ces temps de lutte, les caractères avaient une énergie dont nous n'avons plus l'idée. Après l'épouvantable chaos des siècles précédents, l'Église n'avait pas encore réussi à enseigner aux barbares la notion et le respect du droit qui, mal défini, était sans cesse aux prises avec la force.

Soit feintise, soit revirement causé par quelques circonstances demeurées dans l'ombre, « l'ondoyante » comtesse s'unit à Raynald et à Landulphe pour protester de rechef, et bruyamment, contre la profession de Thomas. Elle accuse les dominicains, elle accuse son fils, et, dans son courroux, porte ses plaintes aux pieds du pape. Innocent IV consent à s'occuper de cette affaire et mande le jeune

profès pour qu'il défende lui-même sa cause.
— C'était vers 1244.

Ému, Thomas se rend à l'injonction du pontife et se révèle dans son discours. Il s'exprime sans faiblesse, sans amertume, sans orgueil, mais dans un langage de feu dès qu'il s'agit de sa vocation et de la répugnance que lui inspirent les biens et les honneurs périssables.

Le serviteur de Dieu répond aux questions d'Innocent IV avec tant de prudence et de sagesse qu'autour de lui s'élève un murmure de louanges à peine contenu par le respect dû à la présence du pontife. Il termine en demandant « qu'il lui soit permis d'obéir à Dieu et d'accomplir sa volonté dans un état qu'il ne recherche que pour marcher plus sûrement à la suite de Jésus-Christ par le renoncement à soi-même et à toutes les espérances du siècle. »

Pénétré d'admiration, le pape reconnaît qu'en effet Dieu appelle Thomas à son service, et il l'encourage à persister dans la voie qu'il a choisie.

« On félicitait et on plaignait tout à la fois

la comtesse d'Aquin ; et dans le même temps qu'on prodiguait les plus grandes louanges au fils et à la générosité de son sacrifice, on n'osait condamner la juste sensibilité de la mère, ni tous les efforts qu'elle faisait pour retenir auprès de sa personne celui qui se montrait si digne de son amour[1]. » Innocent IV, respectant la vocation du fils et essayant de contenter les désirs de la mère, proposa à Thomas « l'abbaye du Mont-Cassin, tout en lui permettant de garder l'habit de Saint-Dominique et d'en suivre la règle[2]. » C'était offrir à un tout jeune homme une des plus hautes dignités de l'Église. L'humble Thomas refusa, non sans reconnaissance, n'implorant du pontife que la permission de mener la vie des prêcheurs.

Désormais la vocation du saint ne fut plus entravée et, sous les apparences de ce que le monde appelle le joug de l'obéissance religieuse, il avait conquis la liberté.

1. P. Touron, p. 73.
2. Mgr Salzano.

CHAPITRE VII

FRÈRE ALBERT

Quel était l'homme assez savant et assez pieux pour comprendre et cultiver les dons extraordinaires que la nature et la grâce avaient jetés à profusion dans l'âme de Thomas, ce joyau, cette espérance de l'ordre ? Après avoir consulté le Seigneur par la prière, le quatrième successeur de saint Dominique, Jean le Teutonique, évidemment inspiré du ciel, se décida à confier le futur saint Thomas à Maître Albert que l'Église devait honorer un jour sous le nom du bienheureux Albert, « le docteur admirable. »

C'était un grand philosophe, un profond théologien, le plus grand savant de son temps que ce Maître Albert, et d'une piété non moins éminente que sa science. Il professait en ce temps-là au couvent de Cologne où, de toutes parts, on accourait pour suivre ses leçons. Et comme, précisément, Jean le Teutonique devait cette année même se rendre à Cologne pour y présider le chapitre général des Prêcheurs, il résolut d'emmener avec lui le jeune Thomas afin de le présenter et de le recommander à ce professeur merveilleux dont il faut esquisser l'histoire.

Si Thomas nous a offert l'exemple de ces vocations d'*attrait* par lesquelles Dieu saisit une âme au sortir de la petite enfance par le simple charme de la piété, nous allons voir dans Albert une vocation *scientifique* [1], si on peut s'exprimer ainsi, car c'est par la science que Dieu l'attire à la vie religieuse. Ce spectacle est à méditer dans notre dix-neuvième siècle où la plupart des enfants recevant dans leur famille des exemples peu chrétiens ne peuvent avoir que rarement la première vocation. La

---

1. Saint Anselme nous offre le même exemple.

seconde reste ; et cette même science qu'on oppose si follement à la religion sera, pour un grand nombre, la voie qui les conduira à Dieu. Ainsi en arrivait-il aux premiers siècles, dans la vieille civilisation corrompue et lettrée comme la nôtre.

Pour bien comprendre l'œuvre et la vie d'Albert le Grand, il ne faut pas oublier qu'au moyen âge les sciences étaient considérées à leur véritable point de vue, c'est-à-dire comme soutiens de la religion. Ce qu'on appelait avec raison philosophie, *amour de la sagesse*, était l'ensemble de toutes les sciences : mathématiques, physique, psychologie, etc. Ces études n'étaient pas séparées ; on ignorait ces spécialisations outrées qui sont comme des difformités de l'intelligence ; bref, on coordonnait les sciences et, par conséquent, on cherchait le lien unique de cette coordination qui n'est et ne peut être que Dieu.

Albert, de l'illustre famille des comtes de Bollstædt, naquit vers 1193, à Laving, en Souabe. Ses parents l'envoyèrent à Padoue où il étudia sous la direction de maîtres savants. Mais les leçons ne suffisaient pas à cet esprit investigateur, il cherchait à épeler le grand livre de la nature, s'appliquait à en lire les pages merveilleuses, voulait la raison des phénomènes, cherchait l'enchaînement des causes ; en tous sens parcourait les domaines de la pensée et, dans ce jardin magnifique, au bout de chaque avenue, il entrevoyait Dieu.

De là cette profonde piété d'Albert et son inclination pour le savant ordre des Prêcheurs.

Un jour, à Padoue, agenouillé devant la madone de l'église dominicaine, il entend cette exhortation intérieure que Marie lui adresse : « Albert, quitte le siècle, entre dans l'ordre « des frères prêcheurs, tu t'appliqueras aux « sciences avec courage, selon les devoirs de « la Règle, Dieu te remplira de sagesse, « l'Église sera illuminée par les livres de ton « érudition. » L'amour de Dieu et de l'étude conduisaient le jeune homme à la porte du cloître et... il n'osait en franchir le seuil. Un combat intérieur se livrait en lui.

Or arrive à Padoue frère Jourdain de Saxe, disciple et successeur de saint Dominique. Sa parole était irrésistible; nombre de jeunes gens, et des plus distingués, des universités de Paris et de Bologne, après l'avoir entendu, s'enrôlaient dans la sainte milice. L'ayant ouï, Albert fut vaincu. Il vole au couvent, se jette aux genoux de frère Jourdain et, avec larmes, sollicite les saintes livrées de la pénitence. Jourdain remercie Dieu, car son œil exercé pressent que cette recrue vaut une armée.

Et ceci se passait vers l'an 1223, environ un an après la mort du patriarche Dominique. Albert pouvait avoir vingt-huit ou vingt-neuf ans.

Immédiatement, le jeune religieux fut dirigé sur Bologne où maître Jourdain avait réuni la fleur de la jeunesse studieuse. Là, Albert s'applique à l'étude de la théologie [1], priant et

---

1. Une pieuse tradition raconte que de grandes difficultés auraient, à cette époque, entravé ses études ; que de désespoir il aurait formé le dessein de quitter le monastère lorsque, dans un songe, lui serait apparue

travaillant sans cesse, il finit par dépasser tous ses condisciples ; si bien que ses supérieurs l'envoyèrent à Paris, puis à Cologne pour y professer. « Albert, nous dit Rodolphe, son « contemporain, fut un véritable amant de la « sagesse. Il ne recherchait pas la gloire passa- « gère du temps mais la sagesse seule et met- « tait tous ses soins à rassembler dans le « jardin de son cœur, plus doux que le miel, « les fleurs de toutes les vertus [1]. »

L'éclat de sa parole, la nouveauté et la profondeur de ses leçons attiraient autour de lui, de toutes les parties de l'Allemagne, une jeunesse avide de s'instruire. Aussi Cologne ne pouvait toujours conserver ce puits de savoir, et Albert était envoyé partout où ses frères avaient besoin de ses talents. Un couvent de dominicains s'établissait-il ? — Vite, frère Albert y était délégué, afin de faciliter, par sa

la mère de Dieu qui l'aurait consolé et enrichi de facultés si merveilleuses, qu'à partir de ce moment, ses progrès dans les sciences seraient devenus prodigieux.

1. *Vie du B. Albert*, par le docteur Sighart.

réputation, le succès de la fondation nouvelle. Maître aussi pieux que savant, il n'avait garde de séparer de la culture des sciences les pratiques de la plus austère piété. Son élève, Thomas de Catimpré, raconte que pendant les longues années de sa carrière enseignante, il récitait chaque jour les psaumes de David et que, sa leçon terminée, il avait coutume de faire de saintes méditations et de pieuses lectures. Aussi, en même temps qu'il inspirait à ses disciples une ardeur incroyable pour l'étude, il leur offrait les exemples d'une vie sainte et parfaite.

Albert enseigna avec éclat non seulement à Ratisbonne, Strasbourg, Cologne et maintes autres villes d'Allemagne, mais aussi à Paris et à Rome. Successivement, maître du sacré-palais ou théologien du Pape, évêque de Ratisbonne, légat du Saint-Siège au royaume de Pologne, Albert, dans ces emplois divers, parut toujours un homme que les charges n'honoraient point mais qui les honorait par sa sagesse et sa prudence.

Son merveilleux savoir avait tellement frappé l'imagination populaire qu'il servit de canevas à une foule de légendes. L'une d'elles disait que le 6 janvier de l'an 1245, il offrit à l'empereur Guillaume de Hollande un banquet où tout à coup on avait vu l'hiver s'orner de fleurs, porter des fruits et enfin reprendre ses rigueurs. Et une autre : qu'Albert ayant tout exploré ici-bas, pria le Seigneur de lui permettre de passer quelque temps en purgatoire afin de connaître aussi cette région. Un de ses anciens élèves, devenu professeur à Paris, l'appelle « un « homme divin, le prodige de la nature, le « miracle de son siècle. »

Outre ses leçons, Maître Albert prêcha, composa une foule d'ouvrages, et forma de nombreux disciples qui, pieux et savants, marchèrent sur ses traces. S'il eût fait quelque cas des honneurs, il en eût été accablé ; ce fut à son corps défendant qu'on le promut évêque de Ratisbonne ; mais après quelques années d'épiscopat, il remit entre les mains du souverain pontife son bâton pastoral pour redevenir simple religieux dans son couvent de Cologne où, reprenant ses travaux avec un redoublement de ferveur, il travailla à la moisson du Seigneur jusqu'au dernier jour de son pèlerinage terrestre.

Cependant, trois ans environ avant sa fin, le vénérable vieillard perdit peu à peu la mémoire. Alors, regardant cet affaiblissement comme l'appel d'en haut, le vieux maître ne voulut plus contempler que ce qui est éternel.

Et son pieux biographe ajoute : « La sainte
« Vierge lui accorda cette grâce, afin qu'oubliant
« toutes les théories philosophiques il pût,
« avant de retourner à Dieu, s'adonner unique-
« ment aux vérités et aux affections reli-
« gieuses [1]. »

Tel était l'homme, le savant, le saint, don Thomas allait suivre les leçons.

---

1. Rodolphe.

CHAPITRE VIII

SAINT THOMAS SE REND A COLOGNE

Vers la fin du mois d'octobre de l'an 1244, Jean le Teutonique et Thomas prennent congé de leurs frères et, munis de leurs bréviaires, sans souci de la longueur et des fatigues du voyage, ils se mettent joyeusement en route sous la garde de Dieu et de leurs bons anges.

Après avoir traversé forêts et montagnes, franchi fleuves et torrents, vénéré maints sanctuaires et lieux de pèlerinage, nos deux humbles voyageurs entrent à Paris où ils ne font qu'un bref séjour, seulement le temps, à maître Jean, de régler quelques affaires de l'ordre. Et de nouveau, au commencement de 1245, les voilà s'acheminant vers Cologne où Thomas se rendait « avec l'ardeur du cerf

« altéré, pour recevoir des mains d'Albert la
« coupe de la sagesse, qui donne la vie, y étan-
« cher sa soif et voir de ses yeux ce docteur
« admirable », dont le nom, entouré d'une
auréole de science et de sainteté, n'était pro-
noncé, à Rome et à Paris, qu'avec vénération.

Enfin, ils approchent du terme de leur voyage. Un ruban argenté se déroule au loin dans la plaine : c'est le Rhin ; à droite, vers le sud, se dresse la montagne bleue des « Trois-Frères » ; à gauche, une ville : c'est Cologne ! Encore quelques pas et les voilà aux portes de la noble cité, « l'Athènes du Nord ». Elle se dresse devant eux dominée par les innombrables clochers de ses magnifiques églises et se mirant dans le large fleuve aux eaux unies comme celles d'un lac. Les deux religieux oubliant leurs fatigues sont déjà de cœur et d'esprit au monastère vers lequel ils dirigent allègrement leurs pas. A travers un labyrinthe de rues sombres et tortueuses, où se croisent artisans, écoliers, moines et pèlerins venus pour vénérer les chefs des rois Mages, ils atteignent la *Stolk-strasse*, où se trouve le couvent[1].

La première visite de nos voyageurs est à la chapelle, leurs premières paroles à Dieu qui, durant cette longue et périlleuse route, les a préservés de tout danger. Mais après, ils sont tout à leurs frères. Et quel doux et cordial accueil ! Ils sont fêtés, entourés, interrogés, pressés de questions. Et les frères d'Italie? et ceux de France? et les missionnaires? car on ne pouvait oublier ces hardis pionniers qui, au péril de leur vie, portaient au loin l'Évangile. A cette époque, l'Ordre, presque naissant, comptait trente mille frères, et parmi eux, déjà, combien de martyrs !

Albert accueillit avec bonheur ce novice, si jeune et déjà vainqueur de rares et redoutables épreuves. Quant à Thomas, sa joie débordait, car ses vœux étaient comblés; dans le calme

---

1. Une caserne d'artillerie remplace aujourd'hui l'ancien couvent des dominicains. La rue de Stolk porte depuis 1811 le nom de rue d'Albert-le-Grand.

du cloître il allait être à Dieu seul, et, pour le mieux connaître et servir, se livrer tout entier à l'étude; pieusement, humblement, sans curiosité ni vaine gloire; et selon l'esprit de son Institut, « il rechercherait la science pour honorer Dieu et sauver les âmes ».

Ce fut avec ce mélange de crainte et d'attrait qu'on éprouve en pénétrant dans un sanctuaire, que Thomas franchit le seuil de la salle où maître Albert « rompait le pain de la doc-
« trine à une multitude de jeunes gens affamés
« de vérité ». C'était une pièce immense et d'une imposante simplicité; au fond, adossée au mur, la chaire du maître; plus bas, deux places pour le bachelier et l'assistant dont, tout à l'heure, nous expliquerons les offices; autour, une rangée de sièges à dossiers élevés dont plusieurs étaient surmontés d'une sorte de couronnement où se lisait soit un verset soit une sentence. Devant ces sièges, une rangée de bancs. Restait le centre où se tenaient probablement les écoliers qui n'avaient pu trouver de place ailleurs.

Pas de pupitres. Les étudiants mal placés ou pas assez habiles pour écrire rapidement, se voyaient forcés, afin de graver les leçons du maître dans leur mémoire, de recourir aux répétitions et aux controverses. Les autres employaient cette espèce de sténographie compacte qu'on retrouve dans les vieux incunables contemporains laborieusement écrits en lettres gothiques, compliquées, et sur trois ou quatre colonnes, avec des lignes courtes, incessamment rompues et où, pour faire économie de parchemin, on s'appliquait à supprimer alinéas et divisions. Ces vieux manuscrits nous révèlent ce qu'il fallait de mémoire, d'ordre et de méthode à un savant de cette époque !

Notre novice prit place parmi les nombreux auditeurs d'Albert, dont pas un, certes, ne pressentait, dans ce jeune et modeste étranger, un émule du maître.

On croit assister à cette première leçon, on se représente cette salle avec ses hautes voûtes et ses étroites fenêtres laissant voir, en ce jour d'hiver, à travers leurs vitres enfumées, les sombres nuages du Nord. Peu à peu, elle se remplit d'une « foule bigarrée et houleuse « d'étudiants de tout habit et de toute nation ». L'heure sonne..... le maître paraît, chacun court à sa place ; puis il se fait un grand silence ; les cous sont tendus, les regards tournés vers la chaire, le maître parle.

Thomas, disciple incomparable d'un incomparable maître, médite, commente, s'assimile les enseignements qu'il reçoit ; et, sans renoncer à aucun de ses exercices de piété, déploie dans l'étude une énergie extraordinaire ; car être savant, être saint, est pour lui une seule et même chose.

Or, comme double marque de la sainteté et de la science, il possédait cette vertu maîtresse qui est l'humilité. Convaincu de sa propre infériorité, il se tenait pour le dernier de ses frères et ne cherchait qu'à emprunter à chacun la vertu qui le distinguait : à celui-ci, sa douceur ; à celui-là, son obéissance ; à cet autre, son recueillement ; etc... Puis, ingénieux à cacher les rares privilèges dont il était comblé par la nature et par la grâce, il avait réussi à inspirer de lui-même, à ses condisciples, la plus désavantageuse opinion ; si bien que les étudiants de Cologne, au contraire de ceux de Naples, le jugeaient avec défaveur, et non sans apparence de raison, car, voyant ce jeune taciturne constamment écouter, s'abîmer en d'incessantes méditations, éviter même de prendre part aux disputes présidées et suscitées par le professeur, ils se demandaient si un esprit si lourd, si épais, était capable de comprendre les savants enseignements d'Albert. — Certes, c'est par méprise que les supérieurs l'ont envoyé étudier à Cologne ! Entre eux ils le surnomment « le grand bœuf muet de Sicile », *bos magnus Siciliæ*, et quelquefois s'amusent à ses dépens.

Pendant une récréation où, comme d'habitude, le jeune novice se promène absorbé dans ses pensées, sans prendre garde aux bruyantes conversations de ses compagnons, sans se douter qu'il est leur point de mire, l'un d'eux regarde les nuages et s'écrie indiquant quelque chose du doigt : « Voyez, voyez un

« âne qui vole », et il invite Thomas à regarder. Notre saint lève les yeux, regarde, — tous les jeunes gens de rire — et lui, avec calme et douceur : « J'aurais cru plus facile à un âne de
« voler qu'à un religieux de proférer un men-
« songe, même en riant. »

Un des étudiants voyant ce *nouveau* travailler sans relâche, avec effort, en eut pitié ; et, mû par un bon sentiment, il lui offrit de l'aider, et de lui répéter les leçons. Le novice accepte avec reconnaissance. Tout va bien au début ; mais un jour le répétiteur se trouve en face de difficultés inextricables. Il les veut résoudre, s'embrouille, fait de vains efforts pour reprendre le fil de ses raisonnements... reste court et se trouble au point que saint Thomas, témoin de son embarras, sort de sa taciturnité habituelle.

Alors, rappelant presque mot pour mot ce qu'a dit Albert, il replace la question sur son vrai terrain, l'explique avec facilité, y ajoutant une foule d'aperçus nouveaux. Et celui qui avait demandé d'être son professeur, de vouloir devenir son élève. D'abord Thomas s'en défend ; puis cède par bonté, à condition que personne ne le saura. Mais le condisciple émerveillé ne peut tenir la chose secrète, il la raconte au maître des étudiants, celui-ci à Albert.

A quelque temps de là, un nouvel incident fait sortir Thomas de l'ombre où se plaisait sa modestie. Albert expliquant « les noms divins » de Denys l'Aréopagite, propose à ses élèves, sur ce sujet redoutable, une question des plus ardues. Thomas la traite, pour son propre compte, merveilleusement, et il égare ou on lui dérobe son manuscrit qui se trouve porté à Albert.

Le grand homme, discernant en ces pages tant d'intelligence unie à tant de piété, pressent les vues de Dieu sur cet adolescent ; heureux de sa découverte, mais se croyant obligé de soumettre son élève à une épreuve décisive, il cherche une thèse difficile et lui commande de se tenir prêt à la soutenir en public le lendemain.

L'exquise humilité du jeune religieux ne s'arrangeait guère d'une représentation de ce genre; mais l'obéissance était là. Selon sa coutume, Thomas commence par prier, puis il entre en lice.

Les espérances du maître sont dépassées. L'explication du candidat est nette, lucide, profonde; il réduit à néant les arguments captieux mis en avant pour l'embarrasser; son érudition étonne, et le charme de sa diction subjugue les auditeurs qui, le doigt sur la bouche, craignent de perdre une seule de ses paroles.

Maître Albert, quoique ravi, simule le reproche : — « Frère Thomas, frère Thomas,
« vous préférez, je crois, le rôle de celui qui
« détermine au rôle de celui qui répond. —
« Maître, il me faut dire avec respect que vos
« arguments ne me semblent pas pouvoir être
« réfutés d'une autre manière. — Alors, con-
« tinuez, car il me reste des objections à vous
« faire. »

Et voilà quatre nouveaux sophismes dressés

et développés par le maître : — « Voyons,
« maintenant, si votre distinction débrouillera
« ces énigmes? » Thomas, avec calme et netteté,
prend les difficultés une à une et les détruit,
plongeant les assistants dans la plus profonde
admiration et arrachant à Albert ce cri :
« *Celui que vous appelez un bœuf muet*
« *poussera dans la science des mugissements si*
« *terribles, que toute la terre en retentira.* »

Or, pendant que Thomas remportait ces succès, que l'œil du maître discernait cet astre
naissant, à présent regardé avec respect et
envie par ceux qui, hier encore, le tournaient
en dérision, à cette heure même se tenait le
chapitre général des dominicains. Dans cette
assemblée solennelle où se discutaient devant
Dieu les intérêts de l'Institut, il fut décidé que
maître Albert irait à Paris occuper une des
chaires que les prêcheurs venaient d'y obtenir
et que Thomas suivrait son maître afin de continuer ses études sous sa direction.

Paris était alors aux yeux des peuples « la

« source de toute sagesse, l'arbre de vie
« dans le paradis terrestre, le candélabre dans
« la maison du Seigneur. » Paris était, de fait,
la métropole des sciences.

Comme d'usage, maître et disciple gagnent leur nouveau poste à pied. Nous voudrions pouvoir suivre les deux saints voyageurs, dire : c'est là qu'ils se sont agenouillés, c'est dans cette abbaye ou ce monastère qu'ils se sont reposés ; mais l'histoire est muette. C'est seulement au couvent de la rue Saint-Jacques que nous allons les retrouver vers la fin de l'an de grâce 1245.

Quelle était la raison de cette sorte d'ambition scientifique des frères prêcheurs ? Pourquoi d'humbles religieux cherchent-ils à briller dans les Universités ? Pourquoi enfin envoyer Albert et Thomas à Paris ?

Nous allons répondre à ces trois questions.

CHAPITRE IX

LES UNIVERSITÉS AU TREIZIÈME SIÈCLE

L'Église, l'éternelle amie et la protectrice de la science, tient et enseigne que « tout ce qui
« est vrai ne peut procéder que de Dieu. »

« En tout ce que les recherches de l'esprit
« humain découvrent de vérités, elle reconnaît
« comme une trace de l'intelligence divine ; et
« comme il n'y a aucune vérité naturelle qui
« infirme la foi aux vérités divinement révélées,
« que beaucoup la confirment, et que toute
« découverte de la vérité peut porter à connaî-
« tre et à louer Dieu lui-même, l'Église accueil-
« lera toujours volontiers et avec joie tout ce
« qui contribuera à élargir la sphère des scien-
« ces ; et, ainsi qu'elle l'a toujours fait pour les
« autres sciences, elle favorisera et encoura-

« gera celles qui ont pour objet l'étude de la
« nature¹. »

Ne croirait-on pas que Léon XIII, cet instaurateur des doctrines de l'Ange de l'École, ait voulu d'un trait louer la vie et l'œuvre d'Albert le Grand et de Thomas d'Aquin?

Aussi l'Église aime toujours la science, qu'elle regarde comme un rayon de la vérité.

Elle l'aime en même temps parce qu'elle est une arme pour la conquête des âmes que rien ne peut mieux frapper et réduire que la beauté de la vérité.

Elle l'aime enfin, comme le répétait naguère Mgr Spallding, au concile de Baltimore², parce qu'elle est « pour les chrétiens, et les clercs en
« particulier, la meilleure sauvegarde du bon-
« heur et de la vertu ».

« Le premier des biens, dit saint Grégoire
« de Nazianze, c'est la science ; et je n'entends
« pas seulement la nôtre, cette noble science
« qui dédaigne la pompe et les ornements du

---

1. Encyclique « *Immortale Dei* », 1ᵉʳ novembre 1885.
2. *Catholic Times* de Liverpool, 6 décembre 1885.

« langage pour ne s'attacher qu'au salut et à
« la beauté des biens spirituels ; je parle aussi
« de la science profane, que tant de chrétiens,
« bien aveugles sans doute, rejettent comme
« pleine d'écueils et de dangers, comme éloi-
« gnant de Dieu.

« Faut-il mépriser le ciel, la terre et l'air
« parce qu'ils ont reçu un culte criminel d'hom-
« mes qui, au lieu de Dieu, adoraient l'œuvre
« de Dieu?... Ne méprisons pas la science parce
« qu'elle déplaît à quelques-uns, et regardons
« ses ennemis comme des grossiers et des
« ignorants. Ils voudraient que tout le monde
« leur ressemblât pour cacher leur ignorance
« dans celle des autres... N'avoir que les mœurs
« ou la science toute seule c'est n'avoir qu'un
« œil. Mais ceux qui brillent à la fois dans la
« science et la sainteté, véritables ambidextres,
« ceux-là sont les parfaits ayant comme deux
« mains droites et, dès ici-bas, jouissant de la
« béatitude de l'autre vie [1]. »

Vérité de tous les temps, comprise et appli-

1. Saint Grégoire de Nazianze. — « On traite assez

quée par les Innocent III, les Dominique et les François d'Assise, comme aujourd'hui par Léon XIII.

Au sortir d'une des plus sauvages et des plus sombres périodes de l'histoire, au treizième siècle, l'enseignement fuyant le silence du cloître et l'ombre des cathédrales se répandait partout, répondant à un besoin de cette époque où débordaient la sève et la vie.

Les professeurs, suivant l'exemple des *gens de métier*, se groupèrent en corporations. Ils se virent bientôt entourés d'une multitude d'étudiants; et alors, pour discipliner cette jeunesse souvent turbulente, ils durent avoir des statuts, des règlements, etc...

Telle fut l'humble origine de ces fameuses universités qui, dotées de privilèges par les princes, protégées par les pontifes, enrichies par les particuliers, devinrent si puissantes que souvent elles entrèrent en lutte avec le gouvernement civil ou religieux.

volontiers d'inutile ce qu'on ne sait point. C'est une sorte de vengeance. » (Vauvenargues.)

Profitant d'une de ces luttes pendant laquelle les professeurs se mirent en grève, suspendant leurs cours et même quittant Paris, les prêcheurs qui, jusque-là, n'avaient des écoles, rue Saint-Jacques, que pour les membres de leur ordre, obtinrent du chancelier et de l'évêque de Paris la licence d'enseigner publiquement dans une chaire, puis dans deux [1], où montèrent d'abord Richard de Crémone et Jean de Saint-Gilles.

Qu'on juge, la paix rétablie, de l'irritation des professeurs ; leur place était prise, on s'était passé d'eux !... L'Université revendique aussitôt ses droits, fulminant contre « ces audacieux mendiants » plusieurs décrets d'interdiction ; et ce fut, pendant quarante ans, une guerre d'invectives et de plume.

Mais l'arbre dominicain ne cessait de grandir et de se fortifier au souffle de la tempête.

1. Les principales écoles universitaires étaient celles du cloître de Notre-Dame, de Saint-Victor et de Sainte-Geneviève ; plus tard, vers 1254 ou 56, celle de Sorbonne, fondée par R. Sorbon, pour les étudiants pauvres.

Plus les universitaires, aux aguets, cherchaient à surprendre les religieux, plus les religieux sur le qui-vive multipliaient études, veilles, sacrifices, dévouement, en vue de correspondre à leur haute mission.

Les choses en étaient là quand les dominicains tinrent, ainsi que nous l'avons dit, à Cologne, en 1245, leur Conseil général présidé par Jean le Teutonique. Et Jean, mis au courant de la situation durant son séjour à Paris, jugea que ses frères devaient en finir, ne pas user en vain leur temps et leurs forces, mais, en dépit des contestations des professeurs de l'Université et de l'hésitation des étudiants, continuer et fortifier leur enseignement.

N'oublions pas que les prêcheurs, ayant pour vocation la science « pour honorer Dieu et sauver les âmes », et placés en face d'une personnalité aussi redoutable que l'Université, avaient une situation difficile où la fermeté ne leur était pas moins nécessaire que la prudence. Ils décidèrent qu'Albert et Thomas iraient, l'un professer, l'autre étudier à Paris. Albert, ils en étaient sûrs, allait effacer par l'éclat de son enseignement les plus illustres professeurs et ajouter le titre officiel de *Docteur de l'Université de Paris* à ceux, incontestables, qu'il possédait déjà. Frère Thomas, lui, continuerait ses études sous la direction d'Albert, en écoutant d'ailleurs à Paris les savants les plus distingués de son temps.

En envoyant dans la capitale intellectuelle de l'Europe Albert leur gloire, Thomas leur espérance, les prêcheurs se plaçaient à la tête du mouvent scientifique.

Nous avons ainsi répondu aux trois questions posées à la fin du chapitre précédent :

1° Les dominicains cultivaient la science parce qu'elle est le but de leur institut[1] ;

2° Ils cherchaient à entrer dans les universités comme dans les arsenaux majeurs de la sagesse et les citadelles de la religion ;

3° Particulièrement, dans l'Université de

---

1. *Sainte Catherine de Sienne*, citée plus haut, chap. IV. Voir dialog. *Traité de l'obéissance*, chap. CLVIII.

Paris, comme dans la plus puissante et la plus renommée du monde.

Admirons une fois de plus le mécanisme providentiel de l'histoire. Le mal sert de cause instrumentale au bien ; et ces quelques monopoliseurs que l'Université comptait dans son sein, parmi beaucoup de maîtres aussi pieux que remarquables, vont, en fait, favoriser la diffusion de la vérité ; et l'égoïsme, qui a essayé d'étouffer en germes les jeunes et brillants arbres de la science dominicaine et franciscaine, va assurer la liberté de leur essor.

Est-il besoin d'expliquer ce terme *Université ?* Evidemment, il exprime l'*universalité* [1], par conséquent l'unité des sciences ; car au treizième siècle on comprenait que le savoir humain est *un* et l'on appelait science l'ensemble des connaissances humaines groupées et hiérarchisées autour de cette science maîtresse qui est la théologie.

1. *Universitas* veut dire : universalité, ou compagnie.....

En retour, la théologie projetait ses rayons lumineux sur toutes les branches du savoir humain : et Dieu bénissait ce mouvent intellectuel, le plus beau peut-être qu'on ait vu dans les annales de l'humanité. Partout s'ouvraient des cours, partout se fondaient des écoles, partout les souverains pontifes suscitaient des universités [1] ; et partout aussi dominicains et franciscains, fidèles à leur mission, purifiaient, illuminaient, perfectionnaient les âmes au moyen de la saine doctrine.

Ah! quelle époque que ce treizième siècle ! « Sans doute comme toutes les époques elle a « eu des vices et des habitudes blâmables... « sans doute elle était dépourvue des formes et « des améliorations utiles exigées par les temps « modernes... Mais elle possédait néanmoins

---

1. L'Université se composait de quatre facultés : théologie, droit canon et droit civil, médecine, arts libéraux. Les arts se subdivisaient en *trivium*, *quadrivium*. Le *trivium*, comprenait : la grammaire, la logique, la rhétorique ; le *quadrivium* comprenait l'arithmétique, la géométrie, la musique, l'astronomie.

« des avantages si particuliers que ce serait
« une véritable injustice de les méconnaître[1]. »

[1]. Nous croyons pouvoir appliquer particulièrement au plus grand siècle du moyen âge, le treizième, ce que vient de dire récemment sur le moyen âge, en général, le pape Léon XIII dans sa célèbre lettre au cardinal Rampolla du 15 juin 1887. (Trad. du *Moniteur de Rome*.)

CHAPITRE X

PREMIER SÉJOUR A PARIS. — PORTRAIT PHYSIQUE ET MORAL DE NOTRE SAINT

Précédé par sa réputation, Albert se vit, dès son arrivée à Paris, recherché comme un prodige, écouté comme un oracle, non seulement dans les choses de Dieu mais aussi dans l'interprétation des phénomènes de la nature. Autour de sa chaire se pressaient prélats, princes, religieux, riches, pauvres; telle était la foule que le maître souvent se vit «contraint de parler en plein air[1] ». Mais un seul de ses auditeurs l'intéressait plus que cette assistance

1. De la partie la plus élevée de la place Maubert, — place du Maître-Albert, — là où se trouve une fontaine, se plaçait le savant professeur pour se faire entendre de la foule assise à ses pieds. Voilà ce que plusieurs racontent. Échard et d'autres le démentent.

innombrable; Thomas était son bien-aimé, la joie de son cœur, le repos de ses travaux, car sur le front de ce jeune religieux l'œil clairvoyant d'Albert entrevoyait déjà l'auréole des docteurs.

Thomas justifiait les espérances du maître; et, à son exemple, comprenant que pour être théologien il faut d'abord être philosophe, il interrogeait du même coup les lettres profanes et les lettres sacrées.

Il interrogeait Aristote et ces anciens « qui, « privés de la lumière de la foi, dit Vincent de « Beauvais[1], contemporain d'Albert, ont mer- « veilleusement parlé du Créateur et des créa- « tures, des vertus et des vices; confessant de « grandes vérités doublement annoncées par « la raison et par la foi. »

Il interrogeait les Pères, principalement saint Augustin dont il devait être, un jour, le plus fidèle et le plus affectionné disciple.

Mais par-dessus tout il étudiait les Écritures

1. Savant dominicain

qu'il scrutait, méditait et appliquait en saint, au reste, n'apprenant ici-bas, comme le prescrit S¹ Jérôme, que « ce qui le devait suivre par delà ce monde », sans jamais négliger l'oraison, source de lumière et de force, « don précieux qu'il avait reçu fort jeune à un degré éminent[1]. »

Dès qu'il se trouvait en présence d'une question difficile, il recourait à la prière « afin, « comme dit le prophète[2], de pourvoir ses ailes « spirituelles de plumes fraîches pour un vol « plus hardi ». Il avouait que la lumière d'en haut ne lui fut jamais refusée ; et il aimait à répéter, comme pour inciter à recourir à la même source, qu'il avait moins appris dans les livres que devant son crucifix ou au pied des tabernacles.

De ce don d'oraison procédait chez notre saint cette double connaissance des infinies grandeurs de Dieu et de son propre néant, ainsi que ces hautes conceptions de la souve-

---

1. S. Alph. de Liguori. *Neuvaine à Sainte Thérèse.*
2. Isaïe.

raineté de Dieu qui caractérisent sa théologie. Dieu est seul roi, seul maître, Dieu est le moteur unique; et les créatures, si belles et si spirituelles qu'elles soient, ne sont que des instruments. Dieu dit : *Je suis celui qui suis;* et la créature répond : *je suis celle qui ne suis pas* [1].— Dans ses divins et fréquents colloques avec Dieu, le jeune religieux s'assimilait ces pensées qui devenaient le fond de son génie.

Après les infinies grandeurs du Très-Haut, Thomas considérait les gloires de Marie, « la reine des anges. » Sa dévotion envers la Très Sainte Vierge datait de son enfance; avec l'âge elle n'avait fait que grandir; et les douleurs, les joies, les gloires de cette auguste souveraine étaient le sujet des méditations du jeune religieux. Or la mère « de la science et du divin amour » répondait à son dévot serviteur en le comblant de bénédictions. Saint Vincent Ferrier nous apprend même que souvent la

---

1. Voir ci-dessus, chap. IV, et se reporter à la note A annexée à la fin de ce volume.

reine du ciel était apparue à Thomas pour l'encourager.

Il est temps d'esquisser le portrait physique et moral de notre saint. Dans l'homme, l'ordre naturel est la base, et l'ordre surnaturel le couronnement glorieux. Or Dieu, voulant faire de Thomas un homme parfait, l'avait comblé des plus rares dons naturels de l'âme et du corps avant de le surélever magnifiquement dans la grâce.

Il l'avait doué d'une mémoire, d'une intelligence et d'une volonté merveilleuses; d'une mémoire incomparable où les choses, une fois perçues par la lecture ou l'audition, restaient gravées et présentes; d'une intelligence si puissante et si simple, qu'elle semblait découvrir la vérité plutôt par une intuition angélique que par un raisonnement humain; d'une volonté forte et souple comme l'acier, implacable pour lui-même, inébranlable dans le service de Dieu, mais toujours douce et condescendante envers le prochain.

A cette âme destinée à des travaux héroïques, Dieu avait donné pour serviteur un corps d'athlète, supportant merveilleusement les jeûnes, les veilles, la marche, et, ce qui est autrement rude, les labeurs de l'esprit, les labeurs du savant, du confesseur et de l'ascète. Mais Thomas se vainquant, se mortifiant sans cesse dépensait cette force extraordinaire avec une énergie plus extraordinaire encore. En moins de cinquante ans, il usa ce corps merveilleux, justifiant ce que dit Aristote, « quand le corps se flétrit l'âme fleurit ». Le docteur que ses derniers portraits représentent obèse, le visage bouffi, défiguré par un triple menton, était, dans sa jeunesse, d'une rare et exquise beauté. Sa taille était haute et droite, son port noble, sa sensibilité extrême, son visage d'une blancheur extraordinaire, ses traits fins, son front majestueux, sa tenue affable et grave; tous ces charmes naturels étaient surnaturalisés par la grâce qui rayonnait de son âme toujours pleine de Jésus-Christ.

Mieux que sur les toiles de Fra Angelico,

de Raphaël et des maîtres italiens, nous le trouvons dépeint dans ses propres paroles : « La « noblesse de l'âme suit la bonne complexion « du corps... La délicatesse des sens est un « signe naturel des bonnes dispositions intellec- « tuelles[1]. » Albert, à la vue de ce beau et saint jeune homme, dut s'écrier comme Alexandre de Halès à la vue de saint Bonaventure : « Il « ne semble pas avoir péché en Adam. » Dieu paraissait avoir voulu créer Thomas beau de corps et d'âme pour mieux faire resplendir en lui l'éclat de la sainteté, et par son seul aspect le serviteur de Dieu confirmait cette parole de Clément d'Alexandrie : « Le chrétien est un composé de corps, d'âme et d'Esprit-Saint. »

Il y a certains détails physiques sur lesquels on n'est pas fixé. Ce teint « d'une blancheur extraordinaire, » au dire de G. de Tocco, était, selon quelques auteurs, légèrement brun, soit naturellement, soit qu'il se trouvât hâlé à la suite des longs voyages du saint. Ses yeux

---

1. Voir note B à la fin du volume.

étaient-ils gris et ternes, comme le veulent certains auteurs allemands? ou bien noirs et en rapport avec la physionomie italienne que lui ont prêtée les artistes de Rome, de Naples et de Florence? Avait-il un robuste appétit germanique ainsi que le prétendent encore des auteurs d'outre-Rhin : ou, au contraire, se distinguait-il par une rare sobriété? Ce sont des détails secondaires et cependant non dépourvus d'intérêt, car il serait curieux de découvrir dans la constitution physique de saint Thomas les marques de sa triple origine : teutone, normande et italienne qui s'aperçoivent manifestement dans ses œuvres et son génie.

Il avait, dit excellemment un de ses derniers biographes[1], « il avait la patience et la ténacité
« germaniques, la facilité de l'esprit latin,
« l'ardeur chevaleresque des Français du nord.
« Ces trois caractères de sa famille se réunirent
« pour former en lui une nature capable des
« plus grandes grâces; de même que, par une

---

1. M. le chanoine Didiot, docteur en théologie.

« remarquable analogie, son éducation devait
« se composer de trois périodes; l'une latine
« au Mont-Cassin et à Naples; l'autre, alle-
« mande, à Cologne et sous Albert le Grand;
« la dernière française à l'Université de Paris. »

Ce n'est pas encore assez précis. Oui, saint Thomas avait pris à Paris les qualités généreuses et chevaleresques du Nord, mais, en outre, il appartenait par sa mère à cette forte race normande qui a reçu pour prérogatives le génie politique, la sagesse et la modération; seulement il n'avait pas hérité des défauts légendaires reprochés aux Normands; par exemple, cette duplicité rusée dont Théodora ne semble pas bien exempte [1].

---

[1]. C'est une doctrine de plus en plus reconnue et soutenue, notamment par l'éminent M. de Quatrefages, que les types les plus remarquables de l'humanité sont ceux qui résultent de l'union de plusieurs races. N'en voit-on pas une éclatante vérification dans saint Thomas d'Aquin, une autre dans Hildebrand, fils d'un charpentier toscan issu, dit M. de Montalembert, de race germanique; une aussi dans Innocent III, d'origine lombarde? Voir note C à la fin du volume.

Le corps et l'hérédité des dispositions soit physiques soit morales joue donc un bien grand rôle dans le composé humain, puisque dans le plus grand des génies on retrouve si nettement les influences de la race[1]?

Mais revenons au portrait religieux du docteur angélique. « Pur d'esprit et de corps, dit G. de Tocco, dévot dans l'oraison et comme dépouillé de ses sens, l'élève d'Albert personnifiait déjà les douces habitudes de la vertu et il les traduisait en actes méritoires pour lui et édifiants pour un chacun. » Jamais on n'entendit Thomas prononcer une parole oiseuse. Toujours égal, joyeux, il était ennemi des contestations ; et on n'emportait de ses entretiens qu'un céleste parfum de contentement et de paix.

Le frère Eufrano, de Salerne, religieux jouissant d'une grande réputation de sainteté parmi les frères prêcheurs, disait souvent que toutes les fois qu'il avait regardé avec dévotion le

---

[1]. Voir note C à la fin du volume.

serviteur de Dieu il s'était senti inondé de joies spirituelles. Nul doute que cette sorte de fascination ne procédât de l'humilité du saint, car l'humilité anéantissant le *moi* dans l'homme y laisse librement régner et resplendir la divinité. « Quelle est, dit saint Augustin, la première « des vertus ? C'est l'humilité. — Et la seconde ? « Encore l'humilité. — Et la troisième ? L'hu- « milité encore et toujours. » Cette vertu royale est comme la racine et la mesure de toutes les vertus ; aussi les saints sont, comme les anges, « d'autant plus humbles qu'ils sont plus élevés[1]. » Et Thomas voulant avancer dans les voies de Dieu ne perdait pas une occasion, même la plus petite, d'imiter le divin Maître, « doux et humble de cœur. »

Un jour, lisant au réfectoire, il s'entend reprendre fort mal à propos par le président du repas. Sans hésiter, Thomas relit le passage

---

1. *Imitation*, liv. II, chap. x : *Summi sancti apud Deum minimi sunt apud se et quanto gloriosiores, tanto in se humiliores.*

de la manière très incorrecte indiquée par le religieux.

A la sortie, les frères lui reprochent de s'être repris. — « Il nous importe peu, leur répond-il avec douceur, de prononcer un mot d'une manière ou d'une autre ; mais ce qui importe grandement à un religieux, c'est d'apprendre à pratiquer l'humilité et l'obéissance. »

Saint Thomas, dès son bas âge, avait demandé la sagesse au Seigneur qui, de bonne heure, la lui avait accordée ; et à ce jeune religieux, déjà mûr comme un vieillard, on pouvait appliquer ces paroles que l'Église récite au jour de sa fête :

« J'ai désiré l'intelligence et elle m'a été
« donnée, j'ai invoqué le Seigneur et l'esprit
« de sagesse est venu en moi.

« Je l'ai préférée aux royaumes et aux trônes,
« et j'ai cru que les richesses n'étaient rien, au
« prix de la sagesse.

« Je n'ai point fait entrer en comparaison
« avec elle les pierres précieuses parce que
« tout l'or auprès d'elle n'est qu'un peu de

« sable, et l'argent, devant elle, un peu de
« boue.

« Je l'ai plus aimée que la santé et la beauté,
« j'ai résolu de la prendre pour ma lumière,
« parce que sa clarté ne peut jamais être éteinte ;
« tous les biens me sont venus avec elle, et
« j'ai reçu de ses mains des richesses innom-
« brables.

« Je me suis réjoui dans toutes ces choses
« parce que cette sagesse marchait devant moi ;
« et je ne savais point qu'elle est la mère de
« tous ces biens.

« Je l'ai appris sans déguisement, j'en fais
« part aux autres sans envie, et je ne cache
« point les richesses qu'elle renferme, car elle
« est un trésor infini pour les hommes ; ceux
« qui en ont usé sont devenus les amis de Dieu
« et se sont rendus recommandables par le don
« d'une science profonde[1]. »

Ce que la sagesse a appris à Thomas dans le

---

1. *Livre de la Sagesse,* chap. VII. Messe de la fête du saint.

silence, l'étude et la pratique de toutes les vertus durant son séjour à Paris, de 1245 à 1248, il va maintenant le répandre par son enseignement et ses écrits.

DEUXIÈME PARTIE

VIE ENSEIGNANTE DE SAINT THOMAS

CHAPITRE XI

RETOUR A COLOGNE

Vers la fin de 1248, d'après les décisions du chapitre général des frères Prêcheurs, Albert, reçu docteur de l'Université de Paris, fut appelé à occuper la principale chaire de l'école de Cologne, Thomas, son fidèle disciple, alors dans sa vingt-deuxième année, à enseigner sous lui comme maître des étudiants.

Les dominicains vont de l'avant et créent, simultanément, dans les quatre principales maisons de leur ordre, quatre écoles savantes sur le modèle de celle de la rue Saint-Jacques.

C'était une excellente mesure ; avantageuse à une foule d'étudiants, empêchés, faute de santé ou de fortune, d'entreprendre de trop lointains voyages ; avantageuse surtout aux novices dominicains qui, presque tous, pourraient recevoir, à proximité, le pur enseignement de leur ordre.

Saint Thomas débuta, selon l'usage, en dictant quelques traités de philosophie, et expliquant divers fragments des Écritures et du livre des *Sentences*. Dans cet office, le nouveau professeur fit preuve de tant de savoir et de talent que, dès les premiers jours, ses auditeurs attentifs et ravis pressentirent qu'il atteindrait à la haute réputation d'Albert.

On s'étonna ; car si respectueux que fut le jeune savant pour les vieux et traditionnels procédés du maître, il inaugurait hardiment une méthode nouvelle. Avec la précision d'un géomètre, il définissait rigoureusement les énoncés ; puis, dans une lumineuse démonstration de peu de lignes, il dissipait et déchirait le voile qui couvrait la vérité. «Par un privilège

« qui lui semble particulier, dit Sixte de Sienne,
« Thomas avait le secret d'unir la brièveté et
« l'abondance, l'élévation et la clarté, la net-
« teté et la profondeur. »

Quelque pénible que fût pour un si jeune homme cette double carrière de religieux et de savant, elle n'empêchait pas le zélé serviteur de se livrer à d'autres travaux et de composer alors « ses Commentaires » sur les quatre livres des *Sentences* et sur certaines parties de la *Bible*.

Dans notre temps agité, on se demande avec stupéfaction, presque avec effroi, comment notre saint réussissait à faire marcher de pair tant d'absorbantes occupations ? Son plan de vie, sans nous être formellement connu, nous semble plus ou moins révélé dans une lettre qu'il adresse à un jeune novice.

« Vous m'avez demandé, mon très cher Jean
« en N.-S., la méthode dont vous devez user
« pour acquérir le trésor de la science.

« Le conseil que je vais vous donner, c'est
« d'entrer dans les petits ruisseaux avant

« d'aborder la pleine mer, parce qu'il faut aller
« de ce qui est facile à ce qui est difficile.

« Voilà donc ce que j'ai à vous dire pour
« votre instruction. Ne vous pressez pas de
« parler et de monter à la tribune, cette pres-
« cription est rigoureuse. Faites-vous une con-
« science pure, soyez homme d'oraison ; ayez
« un constant amour pour votre cellule, si vous
« voulez être introduit dans le cellier.

« Soyez aimable pour tous, ne vous occupez
« en rien des actions des autres ; ne vous fami-
« liarisez pas trop ; la trop grande familiarité
« engendre le mépris et entraîne à négliger
« l'étude.

« Ne vous ingérez, en aucune façon, dans
« les discours et les actions des séculiers. Évi-
« tez surtout les longues causeries.

« Appliquez-vous à marcher sur les traces
« des saints et des hommes de bien, recueillez
« soigneusement tout ce qui se dit de bon,
« sans vous préoccuper de celui qui le dit.

« Tâchez de bien comprendre ce que vous
« faites et ce que vous entendez ; assurez-vous

« de ce qui est douteux ; empressez-vous de
« mettre en réserve dans votre esprit tout ce
« que vous pourrez, comme un homme qui
« s'applique à remplir un vase.

« En suivant cette méthode, vous produirez
« utilement pendant toute votre vie des feuilles
« et des fruits dans la vigne du Dieu des
« armées et vous pourrez atteindre le but que
« vous vous proposez[1]. »

Le temps approchait où Thomas allait recevoir l'onction sacerdotale, devenir prêtre, c'est-à-dire un autre Jésus-Christ « médiateur entre
« le ciel et la terre, ayant mission de distri-
« buer au peuple les dons divins et d'offrir à
« Dieu le sacrifice du peuple[2]. » Que se passa-t-il alors entre Dieu et son serviteur ? On sait seulement qu'à l'approche de ce moment terrible et désiré, Thomas redoubla ses prières et

1. *Opuscule* 67. Traduction de M. l'abbé Védrine, p. 292.
2. *Vie de M. de Bérulle*, par M. Houssaye, t. II, p. 58.

ses jeûnes et que, tous les instants du jour et de la nuit qu'il pouvait dérober à ses travaux, il les passait au pied des autels. Là, on le voyait, tantôt comme humilié, anéanti, tantôt comme soulevé dans la contemplation du grand mystère de la charité de l'Homme-Dieu ; s'offrant au Seigneur pour le servir à jamais, pour lui obéir toujours et pour, sans cesse, s'immoler à sa gloire.

G. de Tocco raconte *de visu* que ceux qui, comme lui, eurent le bonheur de voir frère Thomas célébrer les saints mystères, étaient tellement attendris et touchés, qu'ils participaient, en quelque sorte, à ses dispositions pleines de crainte et d'amour, qu'il exprimait ainsi : « Aimez le Seigneur, et vos cœurs « seront remplis de lumière ; de Lui vient cette « paix, cette joie que goûte l'âme dont le repos « et les délices sont toujours le fruit de la cha- « rité[1]. »

Pendant que, dans la ville de Cologne, le

---

1. Saint Thomas.

jeune religieux, tout à Dieu et en Dieu, travaillait avec ardeur à se sanctifier, à instruire et à éclairer son prochain « ce vilain petit homme voûté, roux, blafard, aux yeux gris, faux et ternes, ce vilain petit homme, dont les musulmans n'auraient pas donné un maravédis », l'empereur Frédéric continuait à exercer ses cruautés en Italie. Quand les frères de Thomas le virent devenu l'ennemi déclaré de l'Église, ils se retirèrent de son service. Irrité, Frédéric fit raser la forteresse et la ville d'Aquin, et dévaster l'abbaye du Monte-Cassino.

La douleur de notre saint fut profonde en apprenant ces malheurs ; mais elle se changea en consolation quand il sut que les siens se roidissaient contre l'épreuve et la supportaient avec une chrétienne vaillance. Il redoubla ses prières, offrit à Dieu ses jeûnes, ses veilles, ses mortifications, sa vie même pour ceux qu'il aimait et, « comme la prière du juste est tou-« jours puissante devant le Seigneur », il fut exaucé. Landulphe et Raynald finirent leur vie par une belle mort.

La mère de Thomas, dont la tendresse mal éclairée avait fait souffrir cruellement notre saint, passa le reste de ses jours dans la pratique de toutes les vertus. Quant le Seigneur la rappela à lui, les bénédictions des pauvres, les larmes des orphelins et des veuves firent l'éloge de sa sainteté.

L'aînée des sœurs de Thomas, soutenue par les sages conseils de son frère et le souvenir de ses exemples, se retira au monastère de Sainte-Marie, à Capoue, afin de ne s'occuper que de Dieu dans le silence et la retraite. Par ses mérites plus que par sa naissance, elle devint abbesse de Sainte-Marie, consacrant généreusement son corps au travail, son esprit et son cœur à la contemplation. « Enfin, après avoir appris à ses filles « à mettre toute leur confiance en Dieu, à prier « sans cesse, à s'oublier toujours, elle s'endor- « mit doucement du sommeil des justes[1]. »

Quant à Théodora, comtesse de San-Severino, dernière fille du comte d'Aquin, on pou-

---

1. Bollandistes

vait lui appliquer ce que saint Jérôme disait de sainte Paule : « Que dans un siècle très « corrompu et dans un rang où souvent *l'hu-* « *milité est réputée bassesse,* les gens de bien « publiaient ses vertus et les méchants n'osaient « la blâmer. »

La noble famille d'Aquin s'éteignit après de nombreuses alternatives de prospérités et de revers. Les deux derniers survivants furent : l'un, évêque de Sessa ; l'autre, religieux dominicain qui mourut écrasé par une calèche de la maison Carafa Maddaloni, sur la place du Saint-Esprit.

Les biens et le nom d'Aquin passèrent à une branche des Castiglione, « laquelle s'éteignit « en 1799, dans la personne de Vincente « d'Aquin, dernière princesse de Ferroleto, « épouse du duc Monfort-Laurito[1]. »

Presque toutes les grandes maisons s'abaissent ou s'éteignent, *dura lex, sed lex*. Et le nom d'Aquin serait probablement oublié depuis

1. *Vie de saint Thomas,* par Mgr Salzano, évêque d'Édesse.

des siècles sans Thomas, « ce moine-mendiant, » si durement traité par sa mère et ses frères, mais dont les peuples admireront le génie et les vertus pendant que sa famille spirituelle, qui compte tant de docteurs, de pontifes et de saints, subsistera jusqu'à la fin des temps.

CHAPITRE XII

SAINT THOMAS REVIENT A PARIS, ET PROFESSE AU COUVENT DE LA RUE ST-JACQUES

L'éclat de l'enseignement de saint Thomas, l'opinion si autorisée d'Albert, les instances de Hugues de Saint-Cher[1] qui venait d'être honoré de la pourpre par Innocent IV, déterminèrent les dominicains, dans leur chapitre général tenu à Cologne en 1252, à envoyer le serviteur de Dieu professer à Paris.

A cette nouvelle, notre saint fut atterré. « Il n'était pas capable de remplir une telle fonction ; la bonté de ses supérieurs les aveuglait sur son mérite ; la province de Lombardie avait tant de maîtres éprouvés

---

1. Hugues de Saint-Cher, dominicain, auteur de la *Concordance*.

pour cette charge ; lui n'avait que vingt-cinq ans !.... » Et son humilité trouvait, pour décliner cet honneur, force raisons, qu'heureusement ses supérieurs ne voulurent pas admettre. — Il fallut obéir.

Pour gagner Paris, il passe par Louvain afin de répondre aux instances d'Alix de Bourgogne, duchesse de Brabant, qui implorait ses conseils pour sa propre sanctification et la conduite de ses sujets, en particulier des juifs fort nombreux dans ses États. Alix, désirant suivre exactement les instructions de l'homme de Dieu, le pria de les coucher par écrit. Et saint Thomas qui ne négligeait aucune occasion d'élever les âmes et de les instruire, le fit dès son arrivée, malgré ses nombreuses et importantes occupations [1].

L'Université de Paris reçut le nouveau professeur avec distinction ; elle dérogea même à ses règles en permetttant à ce jeune homme de vingt-cinq ans de professer la théo-

---

1. Ce travail forme l'opuscule 21.

logie au collège Saint-Jacques. C'était une insigne faveur, car suivant les règlements de 1215 confirmés par le cardinal légat Robert de Courçon, il suffisait, pour enseigner les arts à Paris, de cinq ans d'études et de vingt-un ans accomplis; mais pour enseigner la théologie, on exigeait huit années d'études et trente-cinq ans révolus.

Ce fut, comme à Cologne, avec le titre de bachelier que Thomas inaugura à Paris son enseignement dans l'école d'Élie Brunetti de Périgueux, docteur dominicain, — les docteurs seuls tenaient école.

Or, d'après les statuts du collège Saint-Jacques, le bachelier commençait par expliquer le livre des Sentences de P. Lombard et certains passages déterminés des Écritures; il donnait cet enseignement sous la direction du docteur, chef de l'école. L'année finie, ce bachelier était présenté par son docteur au chancelier de l'Église de Paris comme digne d'obtenir la licence. Alors, dans une des salles de l'évêché, en présence de l'évêque, du chancelier et des docteurs de l'Université, le candidat faisait une leçon solennelle après laquelle il était reçu.

Le nouveau docteur continuait encore, cette seconde année, à commenter le maître des Sentences et les Écritures; car docteur de droit, il ne le devenait de fait que la troisième année où, libre de tout entrave, il pouvait à son gré choisir le texte de ses leçons, ayant sous lui un bachelier qu'il présentait à la fin de l'année, pour la licence, comme on l'avait présenté lui-même.

Le cours s'achevait ainsi en trois ans, au bout desquels le religieux cédait sa chaire mais conservait le titre glorieux de docteur de l'Université de Paris.

Voici donc notre jeune bachelier en chaire. « Or à peine, dit Guill. de Tocco, frère Tho-
« mas eut-il commencé à répandre dans ses
« leçons ce qu'il avait pensé garder dans le
« secret du silence, que Dieu infusa en lui une
« science si grande et répandit par ses lèvres
« un tel fleuve de doctrine, qu'aussitôt il parut

« surpasser les maîtres et provoquer au saint
« amour de la science tous ses auditeurs éco-
« liers ». Aussi la foule affluait autour du jeune
professeur, plus nombreuse qu'autour des plus
vieux maîtres, et les salles, si vastes cependant, du collège Saint-Jacques suffisaient à peine pour la contenir.

Les élèves, les disciples, les frères de Thomas nous disent que sa lucidité d'esprit et sa puissance de travail tenaient du prodige. Tous ces derniers ambitionnaient de lui servir de secrétaire ; l'un d'eux, Even Garwith [1], eut cet honneur ainsi que frère Raynald de Piperno et ils affirment, avec plusieurs autres, « que
« sous l'inspiration du Saint-Esprit le docteur
« angélique dictait à la fois, sur des sujets dif-
« férents, à trois et même à quatre secré-
« taires [2]. »

Mais il ne faut plus différer à dire qu'en vrai savant Thomas était fort distrait, et en vrai saint fort exposé à s'envoler dans les régions de l'ex-

1. Breton du diocèse de Tréguier.
2. G. de Tocco, Boll, P. Touron.

tase, au point d'oublier les choses nécessaires à la vie, — voire la nourriture, — et d'omettre de noter par écrit ses réflexions et ses inspirations ; même, il est permis de douter que sa devise : *Sapientis est ordinare* [1] fut appliquée à ses papiers de travail. Aussi, d'un commun accord, ses supérieurs convinrent-ils de lui donner un compagnon spécial, ayant sans cesse la plume en main et l'œil au guet, pour lui servir et de secrétaire et de gardien temporel.

Ce compagnon, cet ami fut le bon frère Réginald, qui ne quittait le saint ni jour, ni nuit, s'attachait à ses pas, lui servait même de père car il le confessait, sauf à recevoir, en retour, des admonestations sincères. Réginald était tout admiration, tout dévouement pour Thomas ; Thomas toute reconnaissance pour le bon frère. Charmante et naïve association à laquelle l'Église doit la conservation d'incomparables trésors. On se tromperait en pensant

1. Mots qui se trouvent au début de la *Somme contre les Gentils.*

que le frère Réginald fut convers: — non, c'était un théologien érudit, auteur de remarquables travaux.

Ce fut, dit-on, pendant cette première année de professorat que Thomas écrivant « ses Commentaires sur Isaïe, » se trouva un jour en présence d'un texte si obscur qu'il se vit contraint de suspendre son travail, ou plutôt d'interrompre ses propres investigations, pour interroger Dieu par la prière, les veilles et « le jeûne qui élève l'esprit. »

Il fut exaucé. Reginald, qui couchait auprès de sa cellule, l'entendit une nuit parler avec quelqu'un, puis l'appeler : « Frère Reginald, frère
« Reginald, levez-vous, prenez la lumière et
« le cahier où vous avez écrit sur Isaïe. » Puis, après lui avoir dicté longtemps, « comme s'il lisait dans un livre, » il le renvoya dormir.

Et Réginald de le conjurer : « Dites-moi,
« je vous en supplie, avec qui vous vous entre-
« teniez tout à l'heure ; je vous ai bien
« entendu. »

Saint Thomas resta d'abord insensible, mais

dès que Raynald l'eût prié, « au nom de Dieu, » il céda; et avoua que le Seigneur lui avait envoyé les apôtres saint Pierre et saint Paul pour l'instruire. — « Frère Raynald, je vous
« ai répondu au nom de Dieu, mais je vous
« défends aussi au nom de Dieu, de dévoiler
« ce secret tant que je vivrai. »

Notre saint venait de terminer, et avec quel succès! sa première année d'enseignement; il allait se présenter à la licence quand un obstacle imprévu, — un nouveau conflit entre les universitaires et les Ordres mendiants, — vint tout entraver.

A Paris, dans une rixe avec le guet, un étudiant est tué; trois autres, mis en prison, sont réclamés le lendemain par l'Université à qui on les rend; mais exigeant une satisfaction plus complète, les docteurs séculiers suspendent leurs cours. Les réguliers, c'est-à-dire les docteurs dominicains et franciscains, continuent les leurs.

Peu après, l'Université ayant obtenu la justice qu'elle réclamait, fait un nouveau statut portant qu'à l'avenir: « Aucun ne serait reçu « Maître en quelque faculté que ce fût, qu'il « n'eût juré d'observer tous les règlements de « l'Université, le dernier surtout, enjoignant « de cesser immédiatement les leçons dans des « cas semblables à celui qui venait de se pro- « duire. »

Les deux docteurs dominicains, le P. Bonhomme et le P. Brunet, refusent le serment ainsi que les docteurs franciscains. Aussitôt l'Université promulgue un autre décret, les déclarant exilés de son sein et privés de leurs chaires.

Lettres et réclamations des réguliers au pape Innocent IV. Lettres de l'Université aux évêques de France pour les tenir au courant de ce qui se passait à Paris (1254).

Bulle du souverain pontife maintenant dans leurs chaires les docteurs des deux Ordres, et ordonnant aux séculiers de les recevoir et de vivre en paix. Alors G. de Saint-Amour, Siger et quelques autres se retirent de leurs collèges.

Tout en déplorant ces débats, mais sans aucunement y prendre part, Thomas continuait son cours dont l'auditoire se trouvait chaque jour grossi par les élèves des séculiers.

Au milieu de ces circonstances, survint un incident de nature à faire entrer en lutte l'homme le plus patient.

Le dimanche des Rameaux, saint Thomas prêchait dans la chapelle de la rue St-Jacques quand paraît un nommé Guillot, bedeau de la nation de Picardie, qui se place au milieu de la nef, impose silence au prédicateur de la part de ses maîtres, — les docteurs de l'Université, — et déploie un papier où il lit une longue série de reproches, en termes des moins mesurés, adressés par G. de Saint-Amour à ses adversaires. Notre saint se tait, attend patiemment la fin de la lecture et la sortie du personnage; puis, aussitôt, reprend son sermon au point où il l'avait laissé, le continuant avec une sérénité parfaite, sans proférer un mot de justification pour lui ou ses frères.

Ainsi, pendant que les esprits les plus pacifiques se passionnaient, saint Thomas sans rien perdre de sa paix continuait ses travaux, offrant à Dieu ses prières et ses pénitences pour la fin de ces agitations qui troublaient et contristaient tant d'âmes. Le serviteur de Dieu ne désirait que rester à l'écart, mais l'obéissance allait l'obliger à entrer en lice.

G. de Saint-Amour ayant distillé dans un pamphlet « les périls des derniers temps, » sa haine contre les ordres-mendiants, saint Louis envoya deux docteurs au souverain Pontife, pour lui remettre le libelle avec prière de le faire examiner. En même temps, les dominicains dépêchaient en Italie quelques-uns de leurs frères, — parmi eux Albert, un de leurs oracles, — car le saint Père avait fait remettre d'office le livre incriminé aux supérieurs dominicain et franciscain, pour qu'ils eussent à présenter sans délai leur justification. Sa Sainteté exprimait en même temps au P. Humbert, général des Prêcheurs, le désir qu'en cette occurence frère Thomas fût appelé.

Saint Thomas se rend à Anagni où résidait

le Pontife et où il a le double bonheur de retrouver Albert son maître et Bonaventure son ami, mandés pour défendre la même cause.

Or, nous disent les chroniques, le P. Humbert, fort contristé, réunit ses religieux et s'adressant à Thomas : « Voilà, mon fils, « l'Ordre de Saint-Dominique attaqué ; prenez « ce livre qui a excité l'orage. Lisez, exa« minez, voyez devant Dieu ce qu'il convient « de répondre, non pour continuer mais pour « faire cesser au plus tôt ce scandale. Je joins « mes prières à celles du vicaire de Jésus-« Christ. »

Rentré dans sa cellule, Thomas se jette au pied de son crucifix, suppliant le père de toutes les lumières de l'éclairer. Se relevant, il prend le livre, le parcourt, et, du premier coup, saisit le côté faible de l'argumentation. A l'instant son plan est arrêté.

Le lendemain, dans la nouvelle assemblée du chapitre, le premier mot de Thomas à ses frères est pour les rassurer : « Le livre qui nous « a tant alarmés ne fera pas le mal que nous

« redoutions. » Et, peu de jours après, notre saint produisait, devant Alexandre IV, l'apologie des ordres mendiants avec de si claires et de si nettes réponses aux objections qui lui étaient posées, que ce fut, dans la cour romaine, une explosion de louanges. Dès lors personne ne douta plus de l'heureuse issue de cette affaire qui jetait depuis de si longs jours « tant de troubles au royaume de France. » Après cet incident, le pontife et les cardinaux s'attachèrent, par les liens d'une affection et d'une bienveillance sincères aux dominicains, et les soutinrent en tout et partout contre leurs ennemis [1].

A quelques jours de là était lue dans la cathédrale d'Anagni une bulle, datée du 5 octobre 1256, qui condamnait le livre de G. de Saint-Amour.

Sur ces entrefaites arrivent, en hâte, les députés de l'Université de Paris. C'était trop tard. Ils n'avaient plus à se défendre mais à

---

1. Rodolphe.

souscrire à leur condamnation. Courageusement ils s'exécutèrent ; et leurs représentants, Odon de Douai et Chrestien de Beauvais s'engagèrent de bonne grâce à obéir aux diverses clauses de la bulle et, par conséquent, à recevoir dans leur corps de l'Université les professeurs des ordres mendiants, notamment les frères Thomas et Bonaventure. Cette promesse fut faite publiquement dans le palais du pape le 23 octobre 1256.

Ce récit paraîtra peut-être partial en faveur des religieux et au détriment des universitaires? Cependant, quant à l'ensemble des faits, on ne peut que rapporter le verdict de Rome sanctionné par l'histoire. En résumé, l'égoïsme et l'étroitesse de vue qui avaient malheureusement prévalu parmi quelques maîtres de l'Université se trouvent énergiquement condamnés par le pape au profit des dominicains et des franciscains. Tel est le fond de la thèse historique.

Est-ce à dire que, dans le détail, les universitaires aient toujours eu tort, et les religieux toujours raison ? Non. Il n'en va jamais de la sorte dans les démêlés de ce monde ; Dieu le permet ainsi ; car si la vérité et la justice étaient seulement d'un côté, il n'y aurait pas de mérite à les reconnaître.

C'est donc le devoir de l'historien, après avoir jugé les questions « par le gros, » comme dit Fénelon, de tempérer ses appréciations, d'y apporter l'équité, la charité et cette *modération* qui, selon l'heureuse expression d'un Italien contemporain, « est l'aristocratie de l'esprit et du cœur [1]. »

La mission de Thomas n'était pas encore terminée ; le souverain pontife, ayant toute confiance dans ses lumières, le chargea de lui rendre compte d'un autre ouvrage que les universitaires attribuaient aux dominicains : « l'Évangile éternel. » Ce livre n'était pas d'eux ; et, devançant l'anathème du pape, ils furent les premiers à le condamner.

---

1. *Moniteur de Rome*, 17 octobre 1886. Voir note D.

Chargé des bénédictions du souverain pontife et de ses frères qu'il avait défendus avec tant de succès, le serviteur de Dieu se disposa à reprendre la route de France. La saison était déjà avancée, il fallait revenir et se hâter, de peur que les gros temps ne rendissent la traversée difficile.

En effet, peu de jours après que les voyageurs ont pris la mer, une horrible tempête s'élève. Le vaisseau est ballotté sur les vagues, un vent furieux le pousse vers un énorme rocher sur lequel il va être brisé ; et la frayeur affolant passagers et matelots, le danger devient imminent.

Seul, frère Thomas conserve son inaltérable tranquillité. N'attendant le secours que de « Celui auquel la mer et les vents obéissent, » il se met en prières. Soudain le calme succède à l'orage, un vent favorable enfle les voiles et la traversée s'achève heureusement.

CHAPITRE XIII

ORDRES-MENDIANTS.
SAINT THOMAS & SAINT BONAVENTURE REÇUS DOCTEURS

Ces ordres mendiants que G. de Saint-Amour avait si violemment attaqués, en essayant de soulever contre eux la haine et le mépris, semaient partout la paix et la concorde. Bien que nés d'hier, ils étaient déjà forts et puissants parce qu'ils répondaient à un double besoin de l'esprit humain.

Il y a en effet deux sortes d'intelligence. L'intelligence dialectique qui raisonne à la façon des géomètres et où la raison semble précéder le cœur dans la poursuite de la vérité; et l'intelligence de concept par où le cœur semble deviner la vérité avant de la bien comprendre. De là, deux types qu'on a vus de tous temps, les logiciens et les poètes, personnifiés chez les Grecs par deux grands génies : Aristote et Platon.

Et c'est peut-être parce que cette opposition correspond à deux tendances complémentaires et constantes de la nature humaine, que Dieu qui par sa grâce perfectionne la nature avec le plus grand respect, *cum magnâ reverentiâ*, Dieu qui a donné aux gentils Platon et Aristote, a donné aux nouveaux barbares saint François d'Assise et saint Dominique.

A François la poésie, c'est-à-dire la pleine et joyeuse intuition de la vie future ; et François a enfanté Bonaventure, le docteur séraphique, le docteur d'amour.

A Dominique la raison, c'est-à-dire la logique qui est une autre participation de la raison éternelle ; et Dominique a enfanté Thomas d'Aquin, le docteur angélique, l'homme à intelligence d'ange, qui, par sa modération et sa sagesse, a fondé la théologie scholastique, est devenu le prince des docteurs, la lumière philosophique et politique des siècles à venir.

Mais il ne faut rien exagérer; cette répartition des dons n'est pas absolue. La poésie n'est pas étrangère à l'ordre de saint Dominique, ni la science à l'ordre de saint François. On connaît les hymnes de saint Thomas d'Aquin, et les peintures célestes de Beato Fra-Angelico qui ne peignait qu'à genoux, et dont on disait : « Où va-t-il prendre ses modèles ? — Au ciel, apparemment. » On connaît aussi les savants travaux de saint Bonaventure, de Duns Scott, de l'Écossais Roger Bacon, de Raymond Lulle, etc. Néanmoins, il semble, encore une fois, que Dieu ait voulu satisfaire aux deux grandes tendances de l'âme humaine en faisant surgir simultanément, au treizième siècle, ces deux sources qui, jusqu'à la fin des temps, arroseront le jardin de l'Église : saint François d'Assise et saint Dominique.

François avait compris cette différence, car un jour il répondait à son saint ami Dominique qui lui proposait de fusionner les deux ordres: « Non, cher frère, c'est la volonté de Dieu qu'ils « demeurent séparés, afin de s'accommoder

« à l'infirmité humaine ; par cette variété, « celui qui ne pourrait suivre l'un, suivrait « l'autre. »

Le Dieu de toute harmonie, si riche et si merveilleux en les voies où il conduit les saints, après avoir voulu rendre frères Dominique et François d'Assise, voulut unir aussi d'une étroite et sainte amitié leurs fils les plus illustres, Thomas d'Aquin et Bonaventure.

Nés vers le même temps sous le beau ciel d'Italie, l'un de race princière, l'autre d'humble origine, ils furent tous deux appelés au service du Seigneur. Le premier s'enrôle dans la milice de saint Dominique, le second dans celle de saint François. Bientôt la providence les réunit à Paris où chacun commence par étudier dans le collège de son Institut, puis y devient professeur ; enfin, quand G. de Saint-Amour attaque les ordres mendiants, nous les retrouvons à Rome unissant leurs efforts pour défendre la même cause. Et Léon XIII, signalant « l'harmonieux accord de ces deux docteurs, » les regarde, d'après Sixte-Quint,

comme deux oliviers et comme « deux flam-
« beaux éclatants, qui par l'abondance de leur
« charité et la lumière de leur science ont
« brillé comme deux étoiles et éclairé toute
« l'Église [1]. »

La paix faite, nous revoyons à Paris frère Thomas et frère Bonaventure invités par l'Université, désireuse de sceller sa double réconciliation avec les deux ordres dominicain et franciscain, à recevoir le même jour le bonnet de docteur.

Quand frère Thomas, mandé par son supérieur, le P. Humbert, apprit l'honneur qui était réservé à son mérite et à ses talents, il fut effrayé. Toujours humble, toujours petit, il n'avait, disait-il, ni la science ni l'âge. Ses supérieurs commandèrent : il se résigna.

---

1. Bref de Léon XIII du 13 décembre 1885 au général des Mineurs franciscains, à l'occasion d'une nouvelle édition des *Œuvres de saint Bonaventure*.

Rentré dans sa cellule le voilà en larmes au pied de son crucifix. « O Christ, père de tous, « donnez-moi la science, Seigneur, répondez « pour moi. » Il tombe dans une sorte de ravissement. Or un vénérable vieillard vêtu de l'habit de dominicain paraît à ses yeux :

— « Pourquoi pleurez-vous, Thomas?

— « Mon affliction est juste, je n'ai pas la science et on me commande de prendre rang parmi les docteurs, je n'en suis ni digne ni capable.

— « Faites bon visage à un honneur que vous n'avez pas ambitionné et que vous n'acceptez que par obéissance. Mettez toute votre confiance en Dieu ; prenez ce texte : *Vous arroserez les montagnes des eaux qui tombent du ciel et la terre sera rassasiée du fruit de vos œuvres*[1] ».

Revenu à lui, Thomas se sentit l'esprit réconforté et, développant ce texte qu'il avait reçu du ciel, il fut, aux applaudissements una-

---

1. Psaume 103.

nimes, proclamé docteur. C'était le 23 octobre 1257[1], juste un an après la bulle lue à Anagni.

Le même jour, saint Bonaventure était, comme nous l'avons dit, appelé au même honneur ; alors eut lieu entre les deux saints amis un tournoi d'humilité, c'était à qui céderait le pas à l'autre. Mais Bonaventure insista avec de si bonnes et de si gracieuses raisons que Thomas consentit à passer le premier. Plus tard, nous les retrouverons encore, invités par Urbain IV à composer un office pour la fête du Saint-Sacrement, se livrant un second assaut où Thomas paraît l'emporter par la science, Bonaventure par l'humilité.

« Leurs âmes aimables et belles durant la « vie n'ont pas été divisées même en la mort[2] » ; convoqués ensemble au concile général que le pape Grégoire X avait réuni à Lyon, Thomas mourut en s'y rendant et Bonaventure après avoir pris part aux premières sessions.

Grâce à leur génie, à leurs travaux héroï-

1. Echard, Touron.
2. Saintes-Lettres.

ques, à leurs prières le docteur angélique et le docteur séraphique allaient léguer à la postérité un résumé céleste des traditions et des enseignements accumulés durant les siècles par les philosophes et les Pères.

CHAPITRE XIV

SAINT LOUIS ET LES FILS DE SAINT FRANÇOIS ET DE SAINT DOMINIQUE

Combien Louis IX, ce modèle et futur patron des tertiaires de saint François, aimait les mineurs et les prêcheurs !

Au sein des grandeurs et malgré les distractions de la politique et de la guerre, ce digne fils de François et de Dominique chérissait la pauvreté et la science.

Comme les prêcheurs, il aimait la science qui « faisant mieux connaître Dieu, le fait « mieux aimer[1]. » A ses yeux, « la connais- « sance des sciences spéculatives était une

---

1. Saint Augustin.

« participation du bonheur parfait et véri-
« table¹ » ; il considérait la hiérarchie des
créatures, c'est-à-dire l'univers, « comme
« l'échelle qui mène à Dieu² » ; et, pour lui, la
fin dernière de la science était l'amour, l'amour
de Dieu.

Comme les mineurs, il aimait la pauvreté,
regardant les richesses comme « un peu de
boue³ »; les honneurs et les louanges, « comme
une vaine fumée⁴ ». Parfois, même, dépouillant
la pompe royale, il revêtait la livrée du pauvre
d'Assise⁵. Si je pouvais faire deux parts de
mon corps, se plaisait à répéter le bon roi,
l'une serait pour les mineurs, l'autre pour les
prêcheurs ; et quand il entrait pour la première
fois dans quelque ville de son royaume, il se
rendait, tout d'abord, chez les prêcheurs et les

---

1. Saint Thomas, *Somm. théolog.*, 2ᵉ partie, 1ʳᵉ section, quest. 3, art. 6.
2. Saint Bonaventure.
3. *Sagesse.*
4. *Ibid.*
5. Un jour l'ambassadeur d'Angleterre le surprit vêtu en franciscain.

cordeliers pour requérir leurs oraisons et écouter leurs conseils.

Revenant de Terre-Sainte et se trouvant au château d'Hyères, il voit arriver un cordelier venu pour l'enseigner : « J'ai lu la Bible et les
« livres qui parlent des princes mécréants ; et
« je n'ai jamais trouvé, ni chez les croyants, ni
« chez les mécréants, que royaume se perdit,
« excepté par défaut de justice. Or que le roi
« qui s'en va en France prenne bien garde à
« faire bonne et prompte justice à son peuple,
« afin que Notre Seigneur lui permette de tenir
« son royaume en paix pendant le cours de sa
« vie. Et, son sermon fini, ce cordelier ne vou-
« lut jamais demeurer avec le roi qu'une seule
« journée, quelque prière qu'il lui sût faire pour
« le retenir. »

Ces paroles évangéliques ne restaient pas sans fructifier dans le cœur de ce juste monarque. Maintes fois, dit encore Joinville, le roi s'allait asseoir au bois de Vincennes, accoté à un chêne, il nous faisait ranger autour de lui ; tous ceux qui avaient affaire venaient lui parler, sans empêchement d'huissiers ou d'autres gens.

Il demandait : « Y a-t-il ici quelqu'un qui ait sa partie? » — Ceux qui avaient leur partie se levaient; et quand il voyait quelque chose à amender dans les paroles de ceux qui parlaient pour autrui, lui-même l'amendait de sa bouche.

Quelquefois, en été, dans son jardin de Paris, il venait vêtu d'une cotte de camelot, d'un surcot de tiretaine, sans manches; et tout le peuple qui avait affaire par devers lui se tenait autour de lui, debout, et alors il les faisait expédier de la même façon qu'au bois de Vincennes.

Ami de la paix et de la justice comme il l'était, le roi fut grandement affligé, à son retour d'outre-mer, d'apprendre la querelle qui s'était élevée entre l'Université et les Ordres mendiants. De concert avec le pape, il multiplia ses efforts pour ramener la concorde ; enfin, enfin il y réussit; c'est qu'il n'était pas « homme au monde se donnant plus de mal pour procurer icelle à ses sujets. » Témoins ces *Établis-*

sements par lesquels le bon roi mettait grand soin à ce que le menu peuple fût gardé des larrons et des malfaiteurs; pour ce « fit enquérir par tout le royaume où il trouverait un homme qui fît bonne et roide justice, n'épargnant pas plus le riche que le pauvre. Alors lui fut indiqué Étienne Boileau, sur lequel ni parenté, ni lignage, ni or, ni argent ne purent jamais rien[1] » Et, par les dits *Établissements*, le bon roi amenda grandement son beau royaume de France.

Aussi Dieu bénissait ce pays où fleurissait la justice. « Ce qu'était au treizième siècle le « nom de France chez les nations étrangères « et dans toute la chrétienté, ce que ce nom « inspirait de confiance et de souverain respect « peu de gens s'en doutent aujourd'hui. »

A ce prince[2], passionné pour la justice, Dieu donna pour conseil et pour ami le *théologien de la justice*, saint Thomas, l'homme à la pure et sévère morale qui, mieux que pas un,

1. Joinville.
2. M. Vitet. — *Étude sur saint Louis*, mai 1868.

enseigne à ne « pas faire acception des personnes[1]. »

Voilà donc ce qu'étaient la France et son roi lorsque Thomas reprit son enseignement au collège Saint-Jacques, comme docteur cette fois avec un bachelier sous ses ordres, et ce bachelier devint pape, sous le nom d'Innocent V.

L'affluence du peuple, des grands et du clergé croissait en même temps que les divins talents du jeune docteur. Au reste, simples et lettrés ne se pressaient pas autour de sa chaire seulement en curieux avides de savoir, mais surtout en chrétiens voulant mener bonne et sainte vie. — Au treizième siècle, nous l'avons dit, nos logiques et vigoureux ancêtres ne recherchaient la vérité que pour la mettre en pratique; pour eux, tout se réduisait à ces deux termes : Pourquoi sommes-nous ici bas? Comment parvenir à Dieu?

[1]. *Imitation de Dieu* (ou Opuscule 62 *de moribus divinis*), chap. XVI. Voir aussi Opuscule sur le *Gouvernement* et sur *l'Éducation des Princes*.

Mieux qu'aucun maître, Thomas répondait à ces questions ; et sa méthode, plus admirable encore que son immense savoir, attirait et retenait autour de sa chaire une pléiade de brillants élèves dont plusieurs devinrent d'illustres docteurs. Avec un concept clair et puissant de la vérité tel que n'en possèdent que les hommes de génie, les saints surtout, avec cette vision lumineuse des lois simples et universelles du monde et de la divine constitution de l'univers, il possédait comme des clefs merveilleuses lui ouvrant les arcanes de la science et lui permettant de résoudre, comme en se jouant, les plus effrayants problèmes.

Semblable aux anges, le jeune religieux était puissant et pénétrant parce qu'il était simple[1] ; et cette simplicité était moins un don naturel que le fruit de ses travaux et de ses mérites. Il avait simplifié son intelligence en épurant sa mémoire ; et chez lui, comme dans un miroir très pur, la vérité se réflétait avec une éblouis-

---

1. *Somme*, 1ʳᵉ partie, *Traité des Anges.*

sante clarté pour rejaillir ensuite dans l'esprit de ses auditeurs. Aucun vain étalage d'érudition; rien de hasardé, de vague, de nuageux dans les leçons du savant docteur, mais toujours une précision de géomètre.

C'est ainsi que, dans l'interprétation des Écritures, il tient à justifier jusqu'aux « moin- « dres expressions du texte sacré, s'appuyant « sur ce principe, qu'il n'y a rien dans les « œuvres de Dieu qui n'ait été fait dans la « *mesure, le nombre et le poids*[1]. Et encore : « tous les cheveux de notre tête sont comptés[2]... « qui a su dénombrer le sable de la mer et les « gouttes de pluie[3]?—Il ne suffit pas de compter « les choses, il faut, de plus, les peser[4]. » Ainsi, partant de quelques textes ou principes inat-

1. *Omnia in mensura et numero et pondere disposuisti.* Sagesse, chap. xi, v. 21.
2. *Saint Mathieu*, chap. x, v. 30, et *saint Luc*, chap. xii, v. 7.
3. *Ecclésiastique*, chap. i, v. 2. — Sur ces citations, voir notes de M. l'abbé Drioux, dans la *Traduction de la Somme*, 1ʳᵉ section de la 2ᵉ partie, quest. 100, art. 5, t. II, p. 264.
4. *Non numerandum, sed ponderandum.*

taquables, saint Thomas, avec une élégante facilité, arrivait droit au but.

Or, il y avait à cette époque une suractivité intellectuelle inouïe, d'une fécondité singulière et que saint Louis encourageait de toutes ses forces. Ayant ouï-dire, étant outre-mer, qu'un grand sultan faisait rechercher tous les livres pouvant être utiles aux lettres et à la philosophie musulmanes, pour qu'ils fussent transcrits et rassemblés ensuite dans un lieu accessible à tous ceux qui avaient besoin de les consulter, le bon roi fut marri en comparant le zèle des mahométans à l'indifférence des chrétiens.

Ainsi que saint Thomas qui, de paroles et d'exemples, recommande instamment de prendre le bien partout où il se trouve, le saint roi estime excellente la mesure du musulman et, aussitôt rentré dans ses états, il s'empresse de l'imiter. Il fait donc copier, à ses frais, tous les livres religieux ou utiles qu'il peut trouver dans les trésors des abbayes ; et il les réunit près de la sainte chapelle dans un lieu commode où lui, tout le premier, les religieux et les hommes de lettres viennent les étudier.

Que de fois notre saint dut feuilleter ces précieux manuscrits! peut-être même présida-t-il à leur choix en compagnie de Vincent de Beauvais, aussi lui fils de saint Dominique, et précepteur des enfants du roi.

Ce qui est certain c'est que saint Louis aimait le docteur Angélique, vénérait sa piété, admirait sa science et recourait souvent à ses lumières, même pour les affaires temporelles de son royaume. Se trouvait-il en face d'une question importante ou délicate? — Vite, il mandait frère Thomas, lui exposait la difficulté et requérait ses avis, lesquels Thomas ne formulait qu'après avoir longuement prié et médité. Dans ces occasions, ajoutent ses contemporains, on ne savait ce qu'on devait le plus admirer ou des lumineux conseils donnés par notre saint ou de son humilité ; car il visait uniquement à la gloire de Dieu, sans souci d'aucune faveur pour lui, son ordre ou ses amis.

Saint Louis qui ne voyait en frère Thomas que « le plus saint des savants et le plus savant des saints, » s'efforçait de le retenir près de sa personne et souvent l'invitait à sa table. Notre religieux, qui ne cherchait ni à se prévaloir de la confiance du monarque ni à se rendre nécessaire, refusait avec humilité, en s'excusant de son mieux, car il craignait l'approche des grands et l'air de la cour, même de la cour de saint Louis! L'obéissance forçait-elle frère Thomas à accepter cet honneur? — Son corps seul était près du roi; son esprit et son cœur demeuraient occupés de Dieu et de ses intérêts. On raconte qu'un jour dînant avec le monarque, après avoir longtemps gardé le silence, il frappe soudain un violent coup sur la table et s'écrie : « Nous en avons fini avec l'hérésie des manichéens; un manichéen ne saurait répondre à cet argument. » Son prieur, qui était là, le fit revenir à lui : « Que Votre Majesté me pardonne; je me croyais dans ma classe, dissertant contre les manichéens. » Mais le roi eut grand soin que cette méditation du saint docteur ne fût pas perdue et, sur l'heure, il envoya quérir un secrétaire pour qu'il la couchât par écrit.

« Le royaume d'un chrétien n'est pas de ce monde[1] » et l'atmosphère de la cour ne pouvait faire oublier à Thomas sa double dignité de savant et de religieux. Il méprisait les grandeurs. Un jour, revenant avec quelques disciples de Saint-Denis en France, où il était allé vénérer les reliques qu'on y conserve, il se sentit fatigué et se reposa. Or, comme de l'endroit où il était assis on apercevait au loin la forêt de flèches et de tours qui surmontaient la somptueuse cité, les étudiants lui dirent, assurés d'entendre quelques paroles d'édification : « Maître, voyez combien cette ville est belle ! » — « Assurément elle est fort belle ! » — « Plût à Dieu qu'elle fut à vous. » — « Et qu'en ferais-je ? » — « Vous la vendriez au roi

---

1. Sainte Thérèse.

de France et, avec tout l'argent qui vous en reviendrait, vous bâtiriez des monastères de frères prêcheurs. » — « Ah, que j'aimerais « mieux, répartit notre saint en souriant, pos- « séder les homélies de Chrysostôme sur l'évan- « gile de saint Mathieu ; car le gouvernement « d'une cité priverait mon âme de la très douce « nourriture des choses divines. Plus on penche « du côté des choses sensibles plus on s'éloigne « des vérités de la vie intérieure. » Paroles d'un ascète et d'un saint, qui peignent d'un trait notre angélique docteur [1].

1. Sur ce chapitre, voir à la fin du volume la note E, relative à l'époque de Philippe-Auguste et de saint Louis.

CHAPITRE XV

PRODIGIEUSE ACTIVITÉ DE NOTRE SAINT.— L'UNIVERSITÉ LUI REND UN HOMMAGE PUBLIC

« La vertu la plus haute, la plus sublime et
« la plus parfaite du Très-Haut est sa fécondité,
« et c'est cette vertu qu'il communique à ses
« saints [1]. »

Or, chez saint Thomas, la fécondité spirituelle était prodigieuse ; et sans cesse il enfantait des âmes sans nombre à la lumière et à la vie, tant par la grâce attachée à ses moindres paroles que par l'étendue miraculeuse de ses travaux.

Tout en professant, il publiait ses questions *quod libétiques*, réponses à toutes sortes de

---

[1]. M. Olier. — *Int. à la vie et aux vertus chrétiennes*, chap. XIV.

demandes qu'on lui adressait de tous côtés sur des sujets divers. Bientôt, cet ouvrage fut suivi d'un important travail que le serviteur de Dieu entreprit sur l'ordre de son général, à la requête de Raymond de Pegnafort, pour la conversion des juifs et des Maures d'Espagne.

Si occupé que fût notre saint par d'absorbants travaux, il avait encore à satisfaire aux incessantes réquisitions de ses supérieurs qui, selon les intérêts de l'ordre, le consultaient ou même l'envoyaient au loin. C'est ainsi, qu'en 1253, ils lui ordonnèrent de se rendre au chapitre général qui se tenait à Valenciennes.

Aussi parfait religieux que professeur éminent, au premier signe, sans le moindre regard sur soi, il abandonne la douce et chère cellule « où Dieu s'approchait de lui avec les saints anges » et se met en route pour aider de ses lumières quatre autres docteurs de l'ordre, les frères : Albert le Grand, Bonhomme, Florentius et Pierre de Tarentaise.

Tous les cinq, de concert, voulant fortifier et perfectionner l'enseignement, rédigent de nouveaux statuts qui, de suite, sont mis en vigueur dans les maisons dominicaines.

Pendant que Thomas se dépensait ainsi, enseignant et par sa parole, et par ses écrits qui portaient au loin la lumière dans les âmes, il s'élève à Paris une querelle entre les docteurs de l'Université touchant « *les accidents eucharistiques.* » Dans cette question redoutable, les opinions étaient partagées. On parlait, on s'agitait, sans aboutir. Alors l'Université rendant un hommage public à la supériorité de frère Thomas lui soumet le point en litige, promettant de s'en tenir à ce qu'il déciderait

Chaque honneur équivaut pour les saints à une humiliation. Ainsi en fut-il pour notre docteur qui, dans cette occurence, eut plus recours à l'oraison qu'à l'étude ; ajoutant même le jeûne aux prières afin d'obtenir du ciel les lumières dont il avait besoin ; car le Seigneur lui avait enseigné que « plus un homme est recueilli et
« dégagé des choses extérieures, plus son
« esprit s'étend et s'élève sans aucun travail ;

« parce qu'il reçoit d'en haut la lumière de
« l'intelligence [1]. »

Laissons parler son vieil historien G. de Tocco. « Comme les maistres parisiens auaient
« trouué des raisons diuergentes sur la ques-
« tion des dimensions du corps de N. S. Iésus-
« Christ et les accidents existants en l'absence
« d'un subiect dans le sacrement de ces mêmes
« corps et sang et que les doctes maistres dis-
« cordaient sur la manière d'enseigner ce mys-
« tère ; d'un auis unanime, ils conuinrent que
« tout ce que le dict docteur, frère Thomas,
« aurait dict, défini, sententié, serait tenu par
« tous pour vrai, conforme à la foi et persua-
« sible par la raison ; ainsi qu'ils en auaient
« l'expérience pour d'autres subiects parce
« qu'en toutes questions frère Thomas attei-
« gnait très subtilement la vérité et l'enseignait
« très clairement.

« Après qu'on lui eust porté, couché par
« escrit, les sentiments que chacun opinait sur

. *Imitation*, liv. I, chap. III.

« la matière, Thomas s'étant recueilli en esprit
« et, ayant élevé haut son intellect dans la
« contemplation, adressa à Dieu, selon son
« usage, une prière feruente. Après quoi il
« digéra dans un escrit, avec toute la clarté et
« la brieueté possibles, ce qu'il auait pu décou-
« urir et ce que Dieu auait daigné lui infu-
« ser.

« Mais n'ayant pas la prétention d'introduire
« ces choses dans la classe en présence des
« maistres auant d'auoir consulté Celui dont
« il était question et qu'il auait prié de l'ins-
« truire, s'approchant de l'autel il posa là,
« comme deuant son maistre, le cahier tou-
« chant la question précitée. Et les mains éle-
« vées vers le crucifix il pria ainsi : Seigneur
« Iésus Christ qui dans ce sacrement admirable
« es véritablement contenu et opères des mer-
« ueilles... ie te prie et supplie que, si d'après toi
« et sur toi, i'ai escrist des choses vraies, tu
« daignes me les dire et les publier ouuerte-
« ment ; mais si i'ai dict quelque chose de non
« conforme à la foi, tu empesches de se pro-

« duire tout ce qui pourrait déuier de cette foi
« catholique. »

Or pendant que le docteur priait, ses compagnons et quelques frères l'observaient furtivement... Soudain, ils virent Notre Seigneur lui apparaître au-dessus du cahier et ils l'entendirent, disant : — « Frère Thomas, tu as bien
« écrit du sacrement de mon corps. »

« Et comme le docteur s'attardait longue-
« ment dans l'oraison, réioui par une vision
« intellectuelle, et non sensible, ils le virent,
« poussé par la force de la contemplation et
« attiré par l'assistance divine élevé d'une cou-
« dée au-dessus de la terre [1]. »

Ce fut aussi à Paris, et pendant cette même période d'enseignement, que le docteur angélique fit ses Commentaires sur les épîtres de saint Paul. C'était à cette partie de l'Écriture que notre saint revenait toujours dans ses méditations, et c'était celle aussi dont il recomman-

---

1. Nous n'avons pu nous défendre d'essayer de traduire ainsi en vieux français cette longue page du latin naïf cité, d'après G. de Tocco, par le P. Touron.

dait particulièrement la lecture après les Évangiles : « Les hommes passent, disait-il, mais la « parole du Seigneur demeure éternellement. »

Convaincu que ce n'était pas assez d'enseigner et d'écrire mais qu'en tout il fallait viser à la perfection, Thomas s'occupait sans relâche de s'immoler à Dieu, de mourir à lui-même ; et sans cesse, dans ses prières, son cœur généreux demandait la ferveur croissante. « Aidez-moi, « Seigneur, dans mes saintes résolutions et « dans votre service ; donnez-moi de bien com- « mencer *maintenant*, car ce que j'ai fait jus- « qu'ici n'est rien. »

L'extérieur de Thomas révélait cet amour de Dieu qui le consumait et en faisait un homme divinisé ; ses manières douces et affables le faisaient chérir ; et elles lui étaient si naturelles qu'il ne s'en départait pas plus dans les disputes de l'école que dans les conversations privées. Ceux qui le connurent affirment que jamais parole aigre et piquante ne sortit de sa bouche et que, quelque vivacité qu'on lui témoignât,

on le vit toujours maître de lui et de ses passions. Un jeune homme ayant osé lui dire qu'il soutenait mal sa réputation parce qu'il s'en fallait de beaucoup qu'il fût aussi instruit qu'on le disait. « Vous avez raison, lui répondit en
« souriant notre docteur, aussi est-ce pour
« détromper de la fausse opinion qu'on a de
« moi que j'étudie sans cesse. »

L'exquise modération de saint Thomas est ainsi recommandée par Benoît XIV. « L'angé-
« lique prince des écoles, le docteur de l'Église,
« saint Thomas d'Aquin, qui a écrit tant de
« volumes au-dessus de tout éloge a rencontré
« nécessairement diverses opinions de philo-
« sophes et de théologiens qu'il a dû réfuter
« dans l'intérêt de la vérité. Cependant, ce qui
« met admirablement le comble à la gloire de
« ce grand docteur, c'est que jamais on ne le
« voit mépriser, harceler, accuser ses adver-
« saires, mais les gagner toujours par sa cha-
« rité et son urbanité. Ce qu'il pouvait y avoir
« de choquant, d'ambigu ou d'obscur dans

« leurs assertions, il l'adoucissait et l'expli-
« quait par une interprétation facile et favora-
« ble. Si l'intérêt de la religion et de la foi l'obli-
« geait à combattre et à réfuter leurs opinions,
« il le faisait avec tant de modestie qu'il mérite
« autant de louanges pour ses réfutations que
« pour ses démonstrations de la vérité catho-
« lique [1]. »

Un des jeunes disciples de notre saint osa, et en sa présence, soutenir une thèse contraire à ce qu'il avait toujours enseigné. Le docteur l'écouta sans souffler mot.

Mais après, ses autres disciples le vinrent trouver, se plaignant d'avoir été tous offensés en sa personne. L'amour de la vérité aurait dû lui faire rompre le silence.

— « Mes enfants, je loue votre zèle car il
« est bon ; quant à ma doctrine, elle est inatta-
« quable, étant appuyée de l'autorité des saints
« et du raisonnement, conforme à la vérité.
« Il m'a paru inutile de contrister ce jeune

---

1. Benoit XIV, *Constitution Sollicita. Philosop. de saint Thomas.* Dom Mayeul Lamey, bénédictin.

« théologien. Si vous craignez que mon silence
« ne fasse quelque tort à la vérité, ou qu'il ne
« serve à autoriser un exemple dangereux,
« nous serons à temps pour prévenir les incon-
« vénients et le retour de cette faute. Aimez
« toujours la vérité, mes enfants, et oubliez
« mes intérêts ; je n'en dois pas avoir d'autres
« que ceux de la vérité même, qui n'en est pas
« moins respectable pour être combattue. »

Le lendemain, le soutenant reprend sa thèse et s'obstine à maintenir les conclusions de la veille.

Alors le saint docteur prend la parole et, avec l'autorité d'un maître et la bonté d'un père, rétablit la vérité avec tant de clarté, de fermeté et de douceur, que l'étudiant s'avoue vaincu, s'excuse et promet d'avoir, à l'avenir, moins de confiance en ses propres lumières.

C'est ainsi qu'en toute occasion, le serviteur de Dieu pratiquait cette douceur chrétienne et cette mansuétude qui nous fait, dit-il, « répri-
« mer la colère et nous empêche de résister à

« la vérité *qu'il faut toujours respecter de
« quelque part qu'elle vienne;* c'est la douceur,
répétait-il souvent, qui nous élève à l'intelligence des choses divines, parce qu'elle rend notre âme maîtresse d'elle-même ; car « Dieu
« n'habite pas dans une âme troublée. —
« Aussi évitons et combattons le trouble puis-
« que la grâce ne peut reposer que peu ou point
« dans une âme agitée [1]. »

1. *Imitation de Dieu*, chap. XVIII. Opuscule 62 de saint Thomas d'Aquin.

CHAPITRE XVI

URBAIN IV APPELLE SAINT THOMAS PRÈS DE LUI

Au moment où le pape Alexandre IV mourait à Viterbe, le 25 mai 1261, Jacques Pantaléon, patriarche de Jérusalem, se trouvait à la cour pontificale. Il y était venu pour régler quelques affaires de son Église et de ses chrétiens d'Orient quand, à sa grande surprise il se vit élevé sur le trône de saint Pierre. — Il prit le nom d'Urbain IV.

Le nouveau pontife était Français [1], il avait été archidiacre de Liège, puis évêque de Verdun, et connaissant la science prodigieuse et l'éminente sainteté de Thomas, il le voulut près de

---

1. Né à Troyes, en Champagne.

lui afin de recourir à ses lumières et de faire servir ses talents à la réalisation de vastes projets.

Il en écrivit au général des dominicains pour lequel ce désir du Saint Père était un ordre, en même temps qu'un honneur rejaillissant sur tout l'Institut. Donc Thomas, en cette année 1261, cède sa chaire de Paris à l'illustre Annibal de Molaria, son élève, pour venir se mettre à la disposition du pape.

A peine élu, Urbain avait conçu le désir de rapprocher les deux Églises grecque et latine dont la séparation l'avait vivement affligé durant son séjour en Orient; et il chargea Thomas de préparer cette réconciliation.

Aussitôt le docteur se met à l'œuvre et compose son « Traité sur les erreurs des Grecs »; il les combat en empruntant leurs armes, et appuie sa réfutation sur ces mêmes écrivains invoqués par les Grecs pour soutenir leurs erreurs. L'ouvrage du serviteur de Dieu dépasse les espérances du pontife, qui l'envoie à Michel

Paléologue comme message de paix [1]. Peu après, Thomas dédie à Urbain « un Commen-
« taire sur saint Mathieu » ; enfin l'infatigable athlète fait paraître sur les saints Évangiles un immense travail appelé *Chaîne d'or* où se trouvent condensés l'esprit et la doctrine de tous les Pères.

Dans ce magnifique ouvrage, les Pères, à la suite les uns des autres, interprètent chaque verset de l'Écriture, avec un tel ordre et une telle suite qu'on croirait lire le travail d'un auteur unique tant les anneaux de cette chaîne sont brillants de clarté, purs de doctrine et artistement reliés ; d'où son nom, *catena aurea*.

En Italie comme en France, Thomas enseignait : écrivant, prêchant, professant, sans

---

[1]. Notre saint, à la prière du chantre d'Antioche, écrivit encore un *Traité* contre les Grecs, les Arméniens, les Sarrazins, en indiquant les règles à suivre dans les disputes contre les infidèles. *Opuscule* XI, P. Touron, p. 197.

repos ni trève. Ainsi, dès son arrivée à Rome, il occupa, sur l'ordre de ses supérieurs, la chaire de théologie du couvent dominicain. Mais comme Urbain ne résidait pas toujours dans la ville éternelle et qu'il lui eût coûté de se séparer d'un si précieux conseiller, il le créa Maître du Sacré Palais. A ce titre, « l'angélique docteur dirigeait l'école romaine « ou apostolique annexée à la *famille pontifi-* « *cale;* expliquait l'Écriture sainte à l'entou- « rage du pape, » et était obligé de suivre le pontife dans tous ses voyages. C'est ce qui nous explique les leçons et les prédications de Thomas à Fondi[1], Viterbe, Orviète, Pérouse, villes où, comme partout, il était acclamé par les étudiants et les fidèles qui accouraient de loin pour l'entendre. Tous ces changements de résidence devenaient pour l'humble religieux

---

1. Ce fut vers ce temps, mais pendant son séjour à Rome, que Thomas publia de nouveau ses « *Questions diverses,* son *Traité de l'âme,* son *Apologie des Ordres religieux* et son *Commentaire littéral du livre de Job.* »

autant d'occasion de triomphes, dont Guillaume de Tocco nous révèle le secret.

« Thomas voulait, avant tout, plaire au
« Seigneur et être utile au peuple. Il compo-
« sait donc ses sermons, non avec le piquant
« de la sagesse humaine, mais avec des pensées
« surnaturelles et pleines de force. Il évitait
« d'y faire entrer tout ce qui flatte la curiosité
« plutôt que de servir à l'utilité des auditeurs.
« Il parlait, sans en avoir honte, le langage
« vulgaire de son pays natal, n'ayant pu s'en
« défaire à cause de son état habituel de
« contemplation. Il choisissait et développait
« des sujets convenables à la foule, laissant
« aux disputes de l'École les questions subtiles;
« et le peuple l'écoutait avec autant de respect
« que si sa prédication fût venue de Dieu.
« D'ailleurs, ce qu'il disait de bouche il l'ac-
« complissait dans ses œuvres, n'osant rien
« prêcher aux autres que la grâce divine ne lui
« eût donné la force de faire, lui-même, le
« premier. »

Aussi les prédications de l'homme de Dieu

portaient de nombreux fruits; car le charme divin d'une parole toute évangélique lui gagnait les cœurs de tous ceux qui l'entendaient.

On raconte que prêchant à Rome, pendant un carême, il s'éleva avec tant de force contre certains vices, que son exhortation suscita une réforme générale. Une autre fois, le Vendredi-Saint, il parla de la Croix et du divin crucifié avec tant d'éloquence, il semblait tellement identifié au Sauveur que tout son auditoire, partageant ses sentiments, versait d'abondantes larmes de repentir et d'amour; et le surlendemain, le jour de Pâques, il ravissait le même auditoire en l'entretenant de la résurrection et des joies éternelles.

Au sortir d'un sermon où le saint avait électrisé la foule, une femme, une hémorroïsse comme celle de l'Evangile, s'approche de Thomas avec foi, touche ses vêtements et aussitôt se sent guérie.

Le zélé serviteur semblait inaccessible à la fatigue. Non content d'écrire, de prêcher, de professer, il travaillait encore à la conversion individuelle des âmes ; et vers ce même temps, il eut la très douce consolation d'ouvrir les yeux à deux rabbins.

Ce fut chez son ami, le cardinal Richard, qui l'avait invité à venir se reposer à son château pendant les vacances de Noël, que Thomas se trouva en présence des deux juifs. Fortuite ou ménagée par le cardinal, cette rencontre était providentielle car le docteur qui n'aimait à parler que de Dieu, ou pour sa gloire, mit promptement la conversation sur l'unique sujet qui lui tînt au cœur.

Très instruits et fort tenaces, à toutes les raisons de Thomas, les israélites répondaient par des textes de l'Écriture, interprétés d'après leur religion. Tout ce qu'ils disaient de vrai le serviteur de Dieu avait grand soin de le leur accorder, non sans leur montrer par ces mêmes Écritures que l'ancien Testament n'était qu'une figure, comme un soubassement, dont le nouveau formait le couronnement sublime ; et que toutes les prédictions touchant le Libérateur d'Israël s'étaient réalisées en N.-S. Jésus-Christ. Il leur prouva donc que le Messie était venu et que l'Homme-Dieu adoré par les chrétiens était ce véritable et unique Messie.

Le soir, en quittant le château, les deux rabbins se sentaient ébranlés mais non convaincus. Thomas suivait anxieusement le travail intérieur qui s'opérait en eux ; il leur conseilla de réfléchir, et de revenir le lendemain pour lui soumettre les difficultés qui auraient surgi dans leur esprit.

Mais à peine les deux juifs l'ont-ils quitté, que « sachant que la foi est un don de Dieu, que c'est en vain qu'un homme parle à un homme, persuade même son esprit si Dieu ne touche intérieurement son cœur, » le saint docteur se met en prières. Son amour des âmes le fait s'oublier et il passe la nuit à conjurer le Tout-Puissant d'éclairer ses deux adversaires.

Le lendemain, quand les rabbins arrivent, ce n'est plus pour discuter, mais pour s'avouer vaincus. La grâce divine, comme une rosée céleste avait pénétré leur entendement et donné la vie à leurs esprits desséchés par l'erreur. Et il y eut, en ce jour-là, une grande allégresse au château du cardinal car on y célébra très joyeusement la double naissance de Notre-Seigneur sur la terre et dans le cœur des deux israélites.

Ce fut donc le jour de la Nativité que Thomas obtint cette grâce et, — disent ses historiens, — tous les ans, à pareille époque, il recevait du fils de Dieu et de la vierge Marie, sans doute en récompense de sa victoire, quelque faveur spirituelle « apportant la joie à son « esprit et comblant les désirs de son âme. »

Urbain IV régnait encore lorsque le serviteur de Dieu se trouva amené à réfuter les erreurs d'Averhoës qui soutenait, par exemple, que « tous les corps ensemble ne possédaient « qu'une âme intellectuelle, manifestation de « l'âme universelle. » Avec une pareille doctrine, plus de responsabilité personnelle ; partant plus de morale. Aussi, certain fameux scélérat, imbu de ces fausses idées, répondait très logiquement à ceux qui le pressaient de se reconnaître avant de paraître devant Dieu : « Je ne dois rien craindre pour mon salut, « n'ayant pas une autre âme que celle de « saint Pierre. »

L'Université de Paris et Albert le Grand avaient déjà victorieusement combattu le philosophe arabe ; à Thomas était réservé l'honneur de le terrasser par son traité « de l'unité de l'intelligence en réponse aux disciples d'Averhoüs. »

Le Saint Père pénétré d'admiration et de reconnaissance pour son conseiller, et tenant à reconnaître hautement les éminents et nombreux services qu'il rendait à l'Église, voulut lui faire accepter ou un évêché ou quelques dignités ecclésiastiques. Mais, aux yeux de ce disciple de Jésus-Christ, si les honneurs du monde étaient néant, ceux de l'Église étaient péril. Il refusa et aucune prière ne put lui faire abandonner ses travaux et sa cellule.

L'humble religieux soutenait glorieusement les traditions léguées aux prêcheurs par leur père Dominique qui, toujours, avait fui les dignités et par le B. Jourdain qui s'écriait : « J'aimerais mieux voir un de mes religieux « porté en terre plutôt qu'élevé sur une chaire « épiscopale. »

Thomas n'avait-il pas encore l'exemple récent d'Albert, son maître, qui contraint, par ordre et avec menace du Pape[1], de monter sur le siège de Ratisbonne, venait d'obtenir, après quelques années d'un admirable épiscopat la permission de se retirer simple religieux dans un couvent de Cologne !

La lettre, qu'à ce sujet, le P. Humbert avait écrite à Albert, pour l'engager à fuir les honneurs, Thomas, dans cette même circonstance, se l'appliquait : « Je vous demande, mon cher « frère, qui sera celui, non seulement des « nôtres, mais de tous les ordres religieux qui « résistera à la tentation de passer aux digni-« tés si vous y succombez ? Puissé-je apprendre

---

1. Voir P. Touron.

« que mon cher fils est dans le cercueil plutôt
« que sur une chaire épiscopale ! »

Digne fils de saint Dominique et d'Albert, Thomas resta inébranlable ; tout ce qu'Urbain parvint à obtenir, ce fut qu'il demeurât auprès de sa personne.

Nous avons vu le serviteur de Dieu parcourir l'Italie, nous l'avons vu en France, en Allemagne, maintenant nous allons le retrouver à Londres, assistant comme théologal au chapitre général de l'ordre.

Les dominicains s'étaient déjà répandus dans toutes les contrées de l'Europe; on les rencontrait sur toutes les routes le bâton à la main. En se dispersant pour prêcher la bonne nouvelle, ils obéissaient à leur P. Dominique qui, tant de fois, leur avait répété : « Mes en-
« fants, le grain fructifie quand on le sème, il
« se corrompt quand il demeure entassé ; allez
« allez, répandez-vous par toute la terre. »

Si pour fuir les honneurs et persévérer dans la voie humble, obscure et cachée, Thomas avait eu besoin d'un nouvel exemple, il l'eût encore trouvé à Londres, dans ce chapitre où le Père Humbert, général de l'ordre, demanda à ses frères, comme suprême faveur, de le relever de sa charge. Après d'inutiles efforts pour le faire renoncer à ce projet, ses religieux durent céder, et le général, redevenu simple frère, retourna plein de joie à sa cellule, à ses méditations et à ses travaux [1].

Le pontificat d'Urbain touchait à sa fin, un dernier acte allait le clore et Thomas ne devait pas y rester étranger.

1. Malgré de si glorieuses résistances, les dignités ecclésiastiques allaient « commencer à se glisser parmi « les fils de saint Dominique ; mais la sève religieuse « circulait encore sous ces splendides décorations. » — Note de M. l'abbé Bareille, *Vie de saint Thomas*, p. 248.

CHAPITRE XVII

URBAIN CHARGE St THOMAS DE COMPOSER L'OFFICE DU SAINT-SACREMENT. — AVÈNEMENT DE CLÉMENT IV

« Quand Dieu eut créé le monde, dit une tra-
« dition juive, il demanda aux anges ce qu'ils
« pensaient de l'œuvre de ses mains. L'un
« d'eux répondit qu'elle était si vaste et si par-
« faite qu'il n'y manquait qu'une seule chose;
« une voix claire, puissante et harmonieuse,
« remplissant tous les coins du monde de ses
« chants délicieux, offrant jour et nuit ses
« actions de grâces à son créateur. Ils ne sa-
« vaient pas, ces anges, combien le saint sacre-
« ment devait un jour dépasser leurs vœux [1]. »

Le saint sacrement, mystère de foi et

---

[1] Tradition rapportée par Philon et Lancicius. — P. Faber. *Tout pour Jésus*, p. 227.

d'amour est, en effet, la merveille et le résumé de l'univers, le foyer de vie, le centre et le pivot du plan divin dans l'Église et dans chaque saint, car un saint est un homme rempli et possédé de Jésus-Christ.

Ainsi Thomas chez lequel nous avons vu naître, progresser, s'épanouir Jésus, pouvait répéter avec saint Paul : « Ce n'est plus moi « qui vis, c'est Jésus qui vit en moi. »

Et parvenu « à l'état d'homme parfait, à la mesure de l'âge de la plénitude du Christ[1], » le saint docteur nous a laissé, comme témoignage de son intime et ardente union avec le Sauveur, ses *Opuscules* sur la sainte Eucharistie et son *Office* du saint sacrement.

Dans ses *Opuscules*, saint Thomas nous montre que l'adorable sacrement de l'autel est la plus haute merveille de la puissance, de la sagesse et de l'amour. Là il se surpasse et est vraiment le prince de cette phalange de théologiens qui défendent contre l'erreur et la témérité les

---

1. Saint Paul, aux Éphésiens, ch. IV, v. 13.

mystérieuses et virginales beautés du dogme chrétien.

> Hi semper vigilant, ne quid adulterum,
> Corrumpat fidei virgineum decus [1].

Dans son *Office*, le docteur angélique nous apparaît tout autre ; il n'est plus seulement un théologien précis, il se révèle, en même temps, grand poète. Le Dieu de tout nombre, de toute poésie, le Dieu d'amour a transfiguré cette âme de géomètre ; et comme d'un fleuve d'or s'échappent du cœur de Thomas les hymnes au Saint-Sacrement.

> L'art des transports de l'âme n'est qu'un faible inter-
> [prète,
> L'art ne fait que des vers, le cœur seul est poète [2].

Cette belle fête du corps de Notre-Seigneur, « *Corporis Christi* » était pressentie, désirée par

---

1. « Ceux-là veillent toujours pour que rien de souillé n'altère de la foi la beauté virginale. » (Hymne du commun des docteurs de l'ancien rite parisien.)
2. André Chénier.

toute l'Église et réclamée par des signes du ciel : les miracles de Bolsenna, de la Sainte-Chapelle et autres[1].

Dieu en commit l'institution à Julienne, simple religieuse de Mont-Cornillon, qu'Urbain avait connue étant archidiacre de Liège. L'humble sœur avait, dès sa jeunesse, ressenti une dévotion particulière au Très Saint-Sacrement. Or, à chaque fois qu'elle se mettait en oraison, il lui semblait voir « la lune pleine, avec une brèche[2]. »

Qu'était cette vision? — Une illusion sans doute ; et, pour la dissiper, Julienne redoublait de prières. Mais la vision persistait... Enfin la religieuse entendit intérieurement que la lune signifiait l'Église, la brèche l'absence d'une

---

1. A Bolsenna, pendant que célébrait un prêtre qui avait des doutes, le vin consacré prend la couleur du sang, bouillonne, déborde, se répand sur les marches de l'autel. Le pape qui était à Orviéto envoie un légat qui constate le prodige. — En 1258, à Paris, à la Sainte-Chapelle, au moment de l'élévation, au lieu de l'hostie, on aperçoit l'Enfant-Dieu.

2. Rorhbacher, P. Touron.

fête et que cette fête absente était celle du Saint-Sacrement, dont elle-même, Julienne, avait charge d'annoncer et de susciter la célébration.

Mais pourquoi Dieu lui voulait-il confier cette mission à elle, pauvre fille, plutôt qu'à tant de personnages plus dignes et plus autorisés? Comme Jonas, Julienne résistait; et un long temps s'écoula avant qu'elle ne se rendît.

Enfin, au bout de vingt ans, elle s'en ouvrit à un chanoine de Saint-Martin, Jean de Lausanne, qui transmit sa confidence à plusieurs théologiens, entre autres à Jacques Pantaléon, Guy de Laon, Hugues de Saint-Cher; tous furent d'avis qu'il fallait célébrer la fête. Aussi, malgré certaines contestations qui s'élevèrent d'autre part, l'évêque de Liège, en 1246, ordonna à son clergé de célébrer tous les ans, le jeudi après l'octave de la Trinité, une fête en l'honneur du Très Saint-Sacrement; et un jeune religieux fut chargé d'en composer l'office.

L'évêque mort, son successeur laissa tomber la fête en désuétude. Julienne, traitée de visionnaire, bafouée, chassée de Liège, mourut en 1258. Tout semblait donc terminé, quand arrive à Liège une grande nouvelle : l'élévation au trône pontifical de l'ancien archidiacre de la cité, Jacques Pantaléon !

Aussitôt, une amie de Julienne, Ève *la recluse,* qui habitait une cellule près de l'église Saint-Martin de Liège, s'adresse aux chanoines de cette paroisse ainsi qu'à plusieurs personnes zélées ; et, sans repos ni trève, fait supplier l'évêque d'écrire au nouveau pontife pour le conjurer d'établir, comme pape, la fête qu'il avait approuvée étant archidiacre.

Pressé de tous côtés, l'évêque en réfère à Urbain qui, peu de temps après, prescrit dans toute l'Église la célébration de la fête du Corps du Seigneur. Après s'être étendu dans la bulle sur la considération de ce mystère, l'institution de la fête, etc., le Saint Père ajoute : « Nous avons appris, autrefois, étant en moindre rang, que Dieu avait révélé à quelques personnes catholiques que cette fête devait être célébrée dans toute l'Église. C'est pourquoi nous la fixons au premier jeudi après l'octave de la Pentecôte. » Thomas, toujours près du pape, fut chargé de composer l'office de cette nouvelle solennité. C'était un triomphe pour le docteur, car, lui aussi, dans son ardent amour pour le sacrement de l'autel, avait prié le pontife d'instituer cette fête.

Le serviteur de Dieu se met à l'œuvre ; aussitôt les épaisses nuées qui nous dérobent ici-bas la vue du ciel semblent se dissiper à ses yeux ; et, emporté par les élans de sa foi et de son amour, il écrit des chants qui ne sont plus de la terre. Dans les surnaturelles dispositions de son âme, il passe de l'admiration à l'extase ; sa pensée se dilate et s'élève comme s'il était emporté par l'antique esprit des prophètes, ou comme si, nouveau saint Jean, il avait reposé sur le cœur sacré du Sauveur et découvert à Pathmos les gloires de Jésus triomphant[1].

1. L'Apocalypse, dit Bossuet, est l'évangile de Jésus triomphant.

On raconte que saint Bonaventure fut aussi chargé du même travail ; mais qu'ayant entendu son saint ami lire l'antienne : *O sacrum convivium* qu'on chante au *Magnificat*, et la prose *Lauda Sion*, qu'on chante après l'épitre, il fut tellement ravi et émerveillé que, rentré dans sa cellule, il déchira son propre manuscrit[1].

Urbain n'eut garde d'oublier la recluse ; il lui apprit la célébration de la fête par une lettre autographe à laquelle il fit joindre un exemplaire de l'office. Ce fut le dernier acte de ce pontife qui, peu après, mourut et fut remplacé par Guy Fulconi ou Fulqueis, natif du Languedoc, cardinal, évêque de Sabine, qui prit le nom de Clément IV.

Comme ses prédécesseurs, le nouveau pape vénérait Thomas, recherchait ses conseils ; et, à peine monté sur le trône, il voulut lui témoigner son estime en le priant d'accepter l'évêché de Naples.

1. Ce fait est raconté par plusieurs auteurs ; contesté par d'autres.

Pourquoi refuser cette dignité? Lui-même ne s'était-il pas vu élever au trône pontifical, à son corps défendant? Cependant il n'avait pas cru devoir se refuser aux besoins de l'Église.

Notre saint, peu touché par les arguments du pontife, et ne voulant toutefois ni succomber par faiblesse ni se laisser influencer dans son refus par cet orgueil imperceptible qui, si aisément, emprunte le couvert de l'humilité, s'adresse à Dieu, lui demandant, du fond du cœur, de le guider.

Aussitôt, éclairé d'en haut, il refuse nettement, alléguant toutes les bonnes raisons que peut lui suggérer la prudence humaine.

Clément n'écoute rien, passe outre, expédie la bulle qui confère à Thomas l'évêché de Naples avec les revenus de Saint-Pierre. Le serviteur de Dieu apprend ces faveurs sans émotion; un sentiment intérieur l'assure, contre toute apparence, que le ciel l'a exaucé.

Que se passe-t-il dans l'esprit de Clément? De lui-même, et par un mystérieux retour, le pape craignant, soit de contrister le saint religieux, soit d'aller contre la volonté de Dieu, supprime la bulle. Et frère Thomas, désormais, ne fut plus tourmenté.

Mais celui qui disait : « Rendez-moi amère, « Seigneur, toute joie qui n'est pas vous, im- « possible tout désir hors de vous, délicieux « tout travail fait pour vous... que toute œuvre « qui ne vous honore pas, faites-moi sentir « qu'elle est morte, » celui-là ne refusait pas les charges et les honneurs pour se reposer ; c'était au travail qu'il aspirait, au travail, pour glorifier Jésus-Christ unique mobile de sa vie.

CHAPITRE XVIII

LE SERVITEUR DE DIEU ENTREPREND LA SOMME

« L'entreprise la plus importante, la plus glo-
« rieuse peut-être des fils de Saint-Dominique
« et de Saint-François, c'est d'avoir concilié
« dans un harmonieux ensemble toutes les
« sciences divines et humaines ; de les avoir
« organisées entre elles comme une armée
« rangée en bataille, sous le commandement
« suprême du verbe de Dieu, la sagesse Éter-
« nelle, d'où elles émanent.

« Les héros de cette conquête furent, parmi
« les humbles fils de Saint-François : Roger
« Bacon, Alexandre de Halès, Duns Scott et
« saint Bonaventure. Parmi les religieux de
« Saint-Dominique : Vincent de Beauvais,
« Albert le Grand et saint Thomas. Ce dernier

« nous apparaît comme généralissime, ayant
« pour second et lieutenant son séraphique ami,
« saint Bonaventure.

« Il s'agissait de concilier la philosophie
« payenne avec la doctrine chrétienne, et de
« faire servir la première à la seconde. » Ainsi
s'exprime Rorhbacher.

On nous permettra de compléter la pensée
du savant historien et de recourir à une autre
image en comparant saint Thomas à un architecte.

En effet, l'antique temple de la sagesse avait
été renversé durant le chaos des invasions
barbares. Disjointes par l'hérésie, souillées
par les doubles erreurs du paganisme et du
sophisme, les connaissances divines et humaines gisaient éparses et mutilées comme les
débris d'un immense édifice. Ces débris, clercs
et moines les avaient pieusement recueillis,
mais sans parvenir encore à les rassembler et
cimenter solidement.

Ce fut la mission de Thomas de reprendre
ces pierres une à une, pour les laver, les retail-

ler à neuf, les cataloguer et ranger, relevant ainsi glorieusement le nouveau temple de la science catholique, désormais appelée scolastique.

Or, l'édifice de la scolastique se compose de deux parties : d'un soubassement qui est la vérité naturelle ou philosophique, — Thomas l'a résumée dans la *somme contre les Gentils;* et d'un couronnement magnifique qui est la théologie ou la vérité révélée, — Thomas l'a résumée dans sa grande somme.

Nous avons déjà dit, au cours de ce volume, un mot de la somme philosophique; avant d'y revenir, parlons de la somme théologique.

Ce monument grandiose, symbolisé par nos vieilles nefs gothiques[1], repose sur des principes majeurs qui, à l'instar de hauts et puissants piliers, bâtis sur le double rocher de la raison et de la révélation, jaillissent et s'irradient par le raisonnement en déductions également mer-

1. Alzog. — *Histoire de l'Église,* § 252, t. II, p. 419.

veilleuses par le nombre et l'harmonie. Chaque morceau est un chef-d'œuvre, et comme disait un personnage de l'Église : « Il n'est pas un « des deux ou trois mille articles de la somme « théologique qui n'ait été écrit avec l'assis- « tance du Saint-Esprit. »

Admirable en ses moindres parties, l'édifice est plus prodigieux encore dans son ensemble. Partout, s'y manifeste cette pensée maîtresse répétée, d'après Aristote, au début de la somme contre les Gentils : *sapientis est ordinare,* la grande œuvre du savant c'est la mise en ordre. Rien de plus clair, de plus un dans son plan et ses détails que cet incomparable monument de la *somme théologique*.

Elle est divisée en trois parties[1].

La première partie traite de Dieu, la Trinité, la création, le gouvernement divin. Bref, de l'économie générale de l'univers.

La deuxième partie, divisée en deux sec-

---

1. La somme renferme 3 111 *articles*, répartis dans 611 *questions*, desquelles : 511 écrites par saint Thomas et 100 écrites par Gorrichen. (V. *nota* ci-après, p. 221.)

tions, traite : du mouvement de la créature raisonnable vers Dieu.

La troisième partie traite de Jésus-Christ, de la résurrection et de la vie bienheureuse.

Chaque article de la somme est composé sur un plan uniforme. Le titre de l'article est une interrogation. Telle proposition est-elle vraie?

L'article commence par l'énoncé successif des objections ou sophismes dressés contre la solution vraie. Ils sont numérotés.

Vient ensuite, sous forme de réponse au titre interrogatif, la solution vraie. Suivent les développements ou explications à l'appui.

Enfin les réponses successives aux objections ou sophismes : n°˙ 1, 2, 3, etc., produits au début.

On le voit, c'est un combat en règle entre deux armées; l'une attaquant l'autre défendant la vérité. Les adversaires de la vérité attaquent les premiers; les défenseurs les repoussent, les poursuivent et leur font tomber les armes des mains.

Au reste, saint Thomas lui-même explique

sa pensée dans l'introduction ou avant-propos de la somme théologique. C'est, dit-il, pour remédier à « l'exubérance, à l'obscurité, au désordre des théologies de son temps » qu'il a élaboré ce méthodique et lumineux abrégé où il a condensé tous ses enseignements donnés, préparés ou conçus.

Revenons à la somme philosophique, composée antérieurement, à la requête, dit-on, de Raymond de Pennafort, et qui constitue comme le soubassement de la grande *somme*.

Cette somme contre les gentils est aussi un chef-d'œuvre « dont l'éloge se répète et se confirme depuis six siècles... là, comme dans sa somme théologique, saint Thomas se place toujours au point de vue le plus élevé ; et embrassant toutes les vérités d'un seul coup-d'œil, il en fait un exposé lumineux pour instruire ceux qui ignorent, et dissiper par des réponses péremptoires les difficultés de ceux qui savent déjà[1]. »

1. Nous ne faisons qu'abréger ici certains passages

Dans ses deux sommes, saint Thomas suit deux méthodes différentes qui conviennent proprement, l'une, à la philosophie, science de la vérité naturelle ; l'autre, à la théologie, science de la vérité révélée.

« **Dans la somme philosophique**, l'auteur
« prouve d'abord par les lumières de la raison
« chacune des vérités qu'il veut établir. C'est
« alors qu'il cite Aristote et autres philosophes,
« non en aveugle, mais sans hésiter à les
« réfuter lorsqu'ils s'égarent. Ensuite il a
« toujours soin d'appuyer ses propositions
« sur quelques textes de l'Écriture ou un
« témoignage des Pères[1]. »

Au contraire, dans la somme théologique,
« l'auteur met en première ligne l'autorité
« divine et il n'a jamais recours aux arguments

écrits par M. l'abbé Écalle dans la préface de sa traduction de la *Somme contre les Gentils*, p. 56. Vivès 1866.

1. Voir la préface de la traduction de la *Somme contre les Gentils*, de M. l'abbé Écalle.

« tirés de la raison naturelle que pour corro-
« borer sa thèse [1]. »

La composition de la somme théologique était une œuvre urgente, essentielle à l'Église; et la Providence qui inspirait à notre saint de l'entreprendre venait précisément de le délivrer de la crainte des honneurs et de lui assurer la pleine et joyeuse liberté du simple religieux.

Thomas avait alors environ quarante ans. Peut-être pressentait-il déjà sa fin prématurée? On le croirait à voir le zèle et l'activité qu'il déploya pour écrire la grande somme.

Mais à peine en avait-il rassemblé les matériaux que ses supérieurs l'appelèrent au chapitre général qui, cette année-là, se tenait à Bologne.

Chemin faisant, le serviteur de Dieu visita plusieurs maisons de l'Ordre, où avec l'autorité que lui donnaient sa science et sa sainteté, il conseillait, excitait, dirigeait ses frères dans la

---

1. *Ibid.*

pratique de la plus pure perfection chrétienne. Vers ce même temps, à sa considération ou d'après ses vœux, se faisaient au loin plusieurs fondations importantes; entre autres celle de Sainte-Marie de Salerne.

Il tint aussi à passer par Milan afin d'y vénérer les reliques de Pierre de Vérone, martyr, fléau des Manichéens, auquel précisément les Milanais élevaient un tombeau. Ils prièrent Thomas qui, lui aussi, avait combattu les Manichéens de composer l'épitaphe de ce frère d'armes; ce à quoi notre saint voyageur accéda avec sa bonne grâce et sa charité habituelles.

Au chapitre général, il fut décidé que Thomas resterait à Bologne pour y occuper la chaire de théologie. Ses supérieurs prirent aussi occasion de ce chapitre, auquel avait été convié un grand nombre de religieux, pour opérer la translation du corps de saint Dominique, du très simple tombeau où il reposait, dans un autre plus riche et plus orné. La solennité fut splendide. Thomas eut l'extrême consolation d'y assister et de baiser le chef vénéré de son bienheureux Père.

Avant de commencer son cours, le docteur n'oubliant jamais que toute science vient de Dieu, voulut se réserver quelques semaines de recueillement pour faire silence en son âme et mieux écouter les enseignements que le Seigneur, le Maître des Maîtres, allait lui faire entendre dans l'oraison. Ces semaines de préparation, Thomas les voulut passer près des précieux restes de saint Dominique, lui demandant de renouveler son esprit et son cœur et de bénir ses travaux. Mais, outre son cours, l'objet des ferventes prières de l'humble religieux était le travail qui occupait son esprit ; la *grande somme*, car Tholomée de Luques nous apprend que le serviteur de Dieu la commença vers 1265, qu'il y donna les plus précieux moments des neuf dernières années de sa vie et que, précisément, ce fut vers 1267, à Bologne, près du tombeau de saint Dominique qu'il fit paraître la première partie de cette œuvre magistrale.

Comment, encore une fois, un seul homme parvenait-il à conduire de front tant de travaux. Être prédicateur, écrivain, directeur de consciences, en même temps que professeur incomparable, « allumeur d'âmes, éveilleur d'idées » et imprimer partout aux études une impulsion jusqu'alors inconnue !

Eh bien, cela ne suffit pas encore au multiple génie de saint Thomas : il devient, ces mêmes années, précepteur de rois, en écrivant pour Hugues de Chypre, un *traité du gouvernement des princes* [1].

« Voulant, dit-il, en sa préface, voulant
« offrir à la Majesté Royale quelque chose qui
« fut digne d'elle, et conforme aux devoirs de
« ma sainte vocation, je me suis déterminé à
« écrire un livre sur le gouvernement, dans
« lequel je ferai voir l'origine du pouvoir, son
« autorité, et ses obligations, par le témoi-
« gnage des Saintes Écritures, les principes
« **de la philosophie** et les exemples des meil-

---

1. Opuscule XX de saint Thomas.

« leurs rois. » Ce livre est, paraît-il, le plus remarquable traité de politique qui existe.

C'est le lieu de parler d'un autre chef-d'œuvre composé par saint Thomas à une date inconnue, et dont le manuscrit a été découvert dans la bibliothèque vaticane *le traité de l'éducation des Princes*. Livre étonnant ! qui commence par cette humble et touchant exorde. « Moi,
« le dernier des frères prêcheurs, sur la
« demande d'un prince et sur l'ordre de mes
« supérieurs auxquels je dois obéissance d'ac-
« quiescer à sa prière, j'ai voulu recueillir
« pour la gloire de la bienheureuse Trinité,
« quelques instructions utiles à l'éducation
« des princes ; plein de défiance en mes propres
« forces et m'appuyant uniquement sur l'in-
« finie bonté du Sauveur. »

Que de conseils admirables renferme ce traité ! et si applicables aux jeunes gens, voire même aux jeunes filles de notre époque.

Pourquoi ne le connaît-on pas ? Apparemment par effroi du moyen âge. On ne sait pas discerner, dans ces minutieux détails où entre saint Thomas, les grands principes de cet art souverain qui consiste à élever les hommes.

Cependant, ni les triomphes de notre saint, ni ses effrayants travaux ne le détournaient des moindres pratiques de la vie monacale : « Jamais, dit Guillaume de Tocco, ses frères n'eurent à constater son absence de l'office choral d'obligation, et c'était chose notoire, ajoute Barthélemy de Capoue, que jamais au milieu de ses saintes et continuelles occupations, frère Thomas ne passait un instant dans l'oisiveté, ni dans un repos volontaire. »

« Il est vraiment docte celui qui fait la volonté de Dieu et laisse sa volonté propre [1]. » Thomas était vraiment docte par l'humilité et l'obéissance qui éclataient même dans ses moindres actions. On en citerait de nombreux exemples. Ainsi, un jour qu'absorbé dans la pensée de ses travaux il se promenait dans le

---

1. *Imitation.*

cloître du couvent de Bologne, un frère lai
« qui ne le connaissait pas, lui dit: Qu'ayant
« à sortir, le prieur lui avait permis de se faire
« accompagner par le premier religieux qu'il
« rencontrerait. » — Le docteur se met en
devoir de le suivre ; quoi qu'il eût mal à un
pied, et tant d'occupations !

A peine le frère a-t-il franchi le seuil de la
porte qu'il marche, marche avec tant de rapidité que notre saint ne peut le suivre qu'à
grand'peine, et de bien loin encore.

C'était le long des rues de la cité un étonnement général. On se demandait à voix basse
quel illustre personnage se faisait suivre de la
sorte par le célèbre docteur. Quelques-uns
crurent à une méprise et avertirent l'impétueux
frère qui rentre vite au couvent et, tout ému,
se jette aux pieds du Serviteur de Dieu ne
sachant trop comment lui demander pardon.

Thomas le relève avec cette aimable douceur
dont il ne se départait jamais « ce n'est pas
« vous, mon frère, qui êtes en faute, mais moi,
« ou plutôt cette jambe malade, qui m'a empê-

« ché d'aller aussi vite qu'il le fallait pour vous
« rendre ce petit service. » — Mais le pauvre
frère se morfondait.

Thomas coupa court : « L'obéissance perfec-
« tionne le religieux ; lorsque Dieu par obéis-
« sance est descendu jusqu'aux hommes à
« cause des hommes, ne puis-je m'imposer la
« règle d'obéir à tous les hommes à cause de
« Dieu [1]. »

L'obéissance qui marquait chaque étape de
son pèlerinage ici-bas, allait encore arracher
l'angélique docteur au calme de sa cellule et à ses
chères études. Grande épreuve pour l'ascète et
le savant qui se voit troublé dans la double suite
de ses travaux et de ses colloques avec Dieu ;
grande épreuve car « la cellule bien gardée est
« une douce amie, une délicieuse consola-
trice [2]... derechef voilà le bon religieux sur les
chemins de France.

Si son supérieur, Jean de Verceil, avait
besoin de ses lumières dans le chapitre qui, en

1. Boll, p. 668, n° 26.
2. *Imitation.*

cette année 1268, se tenait à Paris et où Thomas fut présent comme définiteur de la province romaine, saint Louis qui se préparait à une seconde croisade, n'était peut être pas étranger à ce nouveau voyage. De fait, le pieux monarque revit son saint ami « avec moult joie, « souvent prins ses conseils dont il fut toujours « reconforté. »

Thomas resta en France environ deux années, remonta dans sa chaire du collège Saint-Jacques, « consacrant par ses dernières leçons l'auto-« rité d'un enseignement qui embrassait tous « les rapports de la vérité divine avec la vie « morale de l'homme et de la société [1]. » et qui, par sa solidité, lui assurait pour l'avenir le titre incontesté de prince des moralistes et des politiques.

Vers le même temps nous retrouvons saint Thomas à Avignon. Mais là, comme à Paris, à Bologne, à Rome dans ses haltes, dans ses courses, il travaillait sans relâche, compo-

1. *Vie de saint Thomas*, par M. l'abbé Bareille.

sant la somme, comme Newton sa physique, « en y pensant toujours. »

En 1271 Thomas cède sa chaire de Paris à son ami, frère Romain, pour se rendre à Bologne où, peu après son arrivée, il publie — là encore près du tombeau du patriarche, — la seconde partie de la somme théologique.

L'année suivante s'ouvrait un chapitre général, et pour y assister le serviteur de Dieu allait reprendre encore le bâton du voyageur.

TROISIÈME PARTIE

DERNIÈRES ANNÉES – TRÈS DOUCE MORT DU SERVITEUR DE DIEU. – SURVIE

CHAPITRE XIX

RETOUR TRIOMPHAL A NAPLES. — PRÉLUDES DE LA FIN

« *Intellectum illumina affectum inflamma*, Seigneur, illuminez mon intelligence, enflammez mon cœur. » Cette prière que prêtres et religieux récitent chaque jour avant l'office, Dieu l'exauça particulièrement en Thomas.

A mesure que notre saint avançait dans ses travaux, son esprit recevait de nouvelles lumières, son cœur s'enflammait de nouvelles ardeurs, et son étape de chaque jour, ici-bas, était marquée par de nouveaux progrès dans

la science et dans l'amour, car « le sentier du
« Juste, comme une lumière éclatante, s'avance
« et croît jusqu'au jour parfait[1]. »

« Quand la mémoire se nourrit sur le sein
« de la charité... que l'intelligence reçoit la
« lumière au soleil de son objet Jésus crucifié,...
« alors le cœur, qui suit toujours l'intelli-
« gence, s'unit à moi d'un amour très parfait
« et très enflammé. Si quelqu'un me demandait
« ce qu'est cette âme ? Je répondrais : une
« autre moi-même par l'union de l'amour.....

« Et le grand saint Thomas d'Aquin, de ton
« Ordre, — car nous citons ici les paroles
« mêmes de Notre-Seigneur à sainte Catherine
« de Sienne, — le grand saint Thomas puisa
« plutôt la science dans la prière, l'extase, et
« la lumière de l'intelligence que dans les
« études humaines, c'est une lumière que j'ai
« donnée au corps mystique de l'Église pour
« dissiper les ténèbres de l'erreur[2]. »

---

1. *Proverbes*, 4, v. 18.
2. Sainte Catherine de Sienne, *Dialogue de la Prière*, chap. CXVI, p. 218 et 219 de la traduct. Cartier.

Aussi, pour retracer la vie du docteur angélique il faudrait pouvoir, d'un coup, raconter son double progrès dans la science et dans l'amour ; mais ce mystérieux travail de l'âme n'a le plus souvent pour témoin et confident que Dieu.

Il n'y avait, à cette époque de la vie de notre saint, pas une Université en Europe qui ne fît des vœux et ne tentât des efforts pour le posséder. Bologne le voulait conserver, Paris mettait tout en œuvre pour le ravoir, Rome briguait la même faveur, Naples faisait diligence ; et, fortement appuyée par son souverain Charles d'Anjou, qui pensant mieux assurer son triomphe s'engageait à servir au professeur une once d'or de pension mensuelle, Naples l'emporta. La chose fut décidée dans le chapitre général tenu à Florence, en 1272.

L'Université de Naples, heureuse de ce succès et fière de compter parmi ses professeurs ce maître sans rival, se rendit spontanément, et en corps, pour remercier le roi Charles.

Le serviteur de Dieu se met en route pour gagner son nouveau poste ; et, s'étant arrêté à Rome, afin de vénérer les reliques des saints, il s'y voit prié, dit-on, d'y faire quelques leçons.

Pendant ce séjour dans la ville sainte, il se rendit encore à la vigne ou plutôt au château du cardinal Richard ; à ce château où, quelques années auparavant, il avait converti les deux rabbins. Là, le docteur et Réginald furent pris de la fièvre. Le docteur se remit promptement mais, dit Tholomée de Luques, Réginald fut bientôt condamné par les médecins. Thomas se mit alors en prières près de son compagnon, lui fit toucher les reliques de sainte Agnès qu'il était accoutumé à porter sur lui, tant était grande sa dévotion envers cette jeune et charmante petite sainte, et immédiatement Réginald se lève ; il était guéri.

L'angélique docteur avait atteint, par la grâce de Dieu et l'effort continu de la volonté, une telle puissance de méditation et d'abstraction que ni les voyages, ni les changements n'interrompaient ses sublimes travaux. Et pendant ce très court séjour à Rome il commença la troisième partie de la somme et écrivit ses commentaires sur quelques ouvrages de Boëce [1]. Même on raconte que, lors de ce voyage et comme il expliquait dans Boëce quelques questions relatives au mystère de la Sainte Trinité, la bougie qu'il avait à la main se consuma entre ses doigts et les brûla quelque temps sans qu'il en sentit la douleur, tant son esprit était absorbé par la grandeur de son sujet.

Aussitôt l'arrivée de Thomas connue, on accourt de tous côtés à Naples pour voir et acclamer le docteur regardé comme la plus haute personnification de la science. Seigneurs, clercs, riches, pauvres, se pressent sous les pas du savant, du saint, lui font cortège et, triomphalement, le conduisent au milieu d'acclamations jusqu'à la porte du cou-

---

1. Objet des opuscules LXIX et LXX.

vent des fils de saint Dominique. Cette même foule, aussitôt que Thomas a repris la suite de ses prédications, revient haletante et pressée entendre la parole victorieuse du saint qui la soulève et l'emporte vers Dieu.

Singulières sont les voies de la providence ! C'est à Naples que Thomas, adolescent, répond à l'appel du Seigneur ; c'est de Naples qu'il part pour accomplir sa mission dans le monde ; c'est à Naples [1] qu'il revient la terminer !

Depuis longtemps les plus hauts personnages recherchaient Thomas et ne l'abordaient qu'avec vénération. A Naples, le cardinal légat du Saint-Siège le désirant voir se rendit au couvent accompagné de l'archevêque de Capoue.

Le docteur faisait une leçon, il l'interrompt,

---

1. Au couvent de Saint-Dominique de Naples, au-dessous du portrait de saint Thomas, placé à l'entrée d'une grande salle on lit : « Avant d'entrer, vénérez cette image et cette chaire d'où le célèbre Thomas d'Aquin fit entendre ses oracles à un grand nombre de disciples pour la gloire et la félicité de son siècle. »

descend dans le cloître; mais là, il se promène sans prendre garde à son auguste visiteur, passe et repasse devant lui sans paraître l'apercevoir.

Heureusement, l'archevêque de Capoue, ancien disciple du saint, explique au légat stupéfait la bizarrerie de son maître. « Ne « vous étonnez pas si la distraction de ce savant « se prolonge, il est coutumier du fait. » Et Thomas continuait à se promener en souriant.

Tout à coup, comme s'éveillant, il aperçoit les deux prélats : « A quoi pensiez-vous donc, « en marchant, frère Thomas, qu'est-ce qui « vous faisait sourire ? » « Après d'humbles excuses, « je trouvais beaucoup de vérités qui « m'étaient échappées jusqu'ici, cela me ren- « dait heureux. »

Le serviteur de Dieu tout en poursuivant sa vie laborieuse de professeur, d'écrivain et de directeur, semblait s'éloigner de la terre. Son âme se retirant du commerce des créatures entrait de plus en plus en Dieu pour vivre avec

Lui dans la solitude et dans la retraite intérieures. « Or, cette vie en Dieu est la vie cachée des chrétiens à laquelle ils doivent tous aspirer à cause de l'union intime qu'ils sont obligés, même en cette vie, d'avoir avec Dieu qui, comme un feu dévorant et une fournaise très ardente engloutit l'âme, l'absorbe, l'abîme, la perd et ainsi la cache en lui[1]. » C'est là la participation au mystère de la résurrection ; et cet état, indiqué par saint Paul, était littéralement réalisé en notre saint qui, plein d'éloignement pour la vie présente, aspirait continuellement au ciel.

Et Dieu, en attirant à lui cette âme qu'il chérissait, lui fit connaître surnaturellement que l'heure de sa délivrance était proche. Un jour, pendant que le serviteur de Dieu vaquait à l'oraison, et qu'avec humilité et confiance il répandait son âme devant le Seigneur, sa sœur, abbesse de Sainte-Marie-de-Capoue, morte

---

1. M. Olier. — *Introduction à la vie et aux vertus chrétiennes*, chap. ii, p. 23 et 24 ; *Saint Paul aux Romains*, chap. vi ; et *aux Colossiens*, chap. iii.

récemment, lui apparut, le priant de l'aider par ses sacrifices à satisfaire, pour elle, à la justice de Dieu. — Ce qu'il fit sans délai.

A quelque temps de là, nouvelle apparition ; cette fois, sa sœur venait le remercier ; elle était dans la gloire.

— « Et mes deux frères, lui dit Thomas, et « moi-même ? » — « Landulphe souffre encore, « mais Raynald est dans le paradis. La misé- « ricorde de Dieu lui a pardonné ses fautes et « l'a récompensé de ce qu'il a souffert pour le « service de l'Église. »

— « Et moi, dit Thomas ? — « Pour vous, « vous êtes très agréable à Dieu, une place « excellente vous attend, nous serons bientôt « ensemble. Mais il vous est réservé une plus « grande gloire qu'à nous tous à cause de « tout ce que vous avez fait pour le salut des « âmes ». Et elle disparut.

L'auteur[1] qui relate ces faits raconte encore qu'un jour, pendant que Thomas priait à Naples

---

1. G. de Tocco, Bull.

dans l'église de Saint-Dominique, lui apparut un religieux de son ordre. C'était frère Romain, celui-là même qui l'avait remplacé à Paris dans sa chaire de théologie. — « Thomas, lui dit-il, « vos œuvres ont plu à Dieu, les bienheureux « vous attendent. »

Et Thomas : — « répondez je vous prie, à ma « question : les bienheureux conservent-ils « dans le ciel les notions qu'ils ont acquises, « ici-bas, par l'étude des sciences ? » — « Je « vois Dieu et suis rassasié de sa douceur; « que cette réponse vous suffise ». Alors la vision s'évanouit.

Thomas avait déjà posé et résolu cette question qu'il adressait à Romain. — « La science « acquise, ici-bas, reste-t-elle comme habitude « dans l'âme, séparée du corps ? » — « Oui, car « saint Jérôme écrivait à saint Paulin : appre- « nons sur la terre les vérités dont la connais- « sance nous accompagnera dans l'autre vie [1]. »

A toutes ces voies d'outre-tombe, notre saint

---

1. Somme théologique, 1re partie, quest. 89, art. 5. Voir dans la traduction de l'abbé Drioux ou dans

répondait par un redoublement de prières.
Déjà comme séparé de la terre il ne vivait plus
que pour le ciel ; et sans cesse sa pensée cheminait vers l'éternelle patrie. « Son âme était
« tellement haletante vers Dieu, qu'il n'y avait
« que la moindre partie d'elle-même qui animât
« la chair. C'était pour lors la moindre occupa-
« tion de son âme que de donner la vie au corps,
« qui demeurait à demi mort et sans vigueur,
« à cause que l'âme étant transportée en Dieu
« ne vivait plus qu'en Dieu [1] ! »

l'abrégé de l'abbé Lebrethon, les explications que cette question comporte.

1. M. Olier. — *Introduction à la vie et aux vertus chrétiennes*, chap. II, p. 26.

CHAPITRE XX

SAINTE MORT DU SERVITEUR DE DIEU

Les ravissements d'esprit, habituels à saint Thomas dès son entrée en religion, devinrent, la dernière année de sa vie, de plus en plus fréquents et prolongés.

Le dimanche de la Passion 1273, pendant qu'il célébrait dans l'église de Saint-Dominique en présence de plusieurs religieux et de quelques officiers du roi de Naples, il entra dans un si profond ravissement qu'il fallut longtemps attendre et se donner bien du mal pour le faire revenir. Ses amis ne doutant pas qu'il n'eût reçu de rares consolations, mirent tout en œuvre pour découvrir ce qui venait de se passer en lui. Son humilité fut inflexible. Rien ne put lui arracher son secret, « mon secret est à moi, « il est à moi [1]. »

Dans la suite, néanmoins, il avoua à plusieurs personnes « que la grandeur des choses « qui lui avaient été révélées ce jour-là l'avait « jeté dans une sorte de stupeur, et qu'il avait « respecté par le silence ce qu'il n'est pas « permis à l'homme de rapporter ; au-« près des révélations du Seigneur, ce qu'il « avait écrit lui paraissait bien peu, comme « rien [2]. »

Vers le même temps, alors qu'il rédigeait cette troisième partie de la Somme qu'il ne lui fut pas donné d'achever [3], le serviteur de Dieu reçut encore une insigne faveur.

---

1. Isaïe, chap. XXIV, v. 16. *Secretum meum mihi, secretum meum mihi.*
2. Bollandistes.
3. La mort ne laissa pas à saint Thomas le temps d'achever la *Somme*, il en resta à l'article de la contrition. Au quinzième siècle, Henri de Gorrichen, franciscain, ajouta à la *Somme* le supplément qui la termine aujourd'hui. Il est tiré du commentaire des *Sentences de saint Thomas*. (V. Lebrethon, t. I, p. 65.)

Craignant, dans son exquise modestie, d'avoir commis quelques erreurs dans les innombrables questions de son grand ouvrage, et désirant un rayon de la céleste lumière pour discerner, dans ses enseignements, ce qui serait à maintenir et ce qui serait à supprimer, il priait et priait.

Or un jour, dit le frère Dominique de Caserte, je le vis dans la chapelle de saint Nicolas, élevé de terre de plusieurs coudées; mais je fus moins frappé du ravissement que je savais ordinaire chez frère Thomas, que de la voix qui paraissant sortir de la bouche du crucifix, lui disait :
« — Thomas, ce que tu as écrit à mon sujet
« est bien. Quel récompense souhaites-tu ? —
« Nulle autre que votre grâce et vous-même,
« mon très doux Jésus, » s'écria Thomas dans l'abondance de son cœur.

Après cette approbation divine, le docteur angélique fut dévoré de l'ardent et joyeux désir des collines éternelles. « Mes fidèles serviteurs
« ne connaissent pas la crainte et l'angoisse de
« la mort; au contraire, ils la désirent. Dans

« la rude guerre qu'ils ont faite à leur corps
« avec une sainte haine, ils ont perdu cette
« tendresse naturelle qui unit le corps à l'âme...
« désirant mourir par amour pour moi, ils
« disent : qui me délivrera de ce corps de mort,
« je désire en être affranchi pour être avec le
« Christ[1]. »

Le 6 décembre 1273, célébrant à Naples, toujours dans cette même chapelle dédiée à saint Nicolas, il eut encore une révélation après laquelle il se trouva tout changé.

A partir de ce moment jusqu'au 7 mars 1274, jour de sa mort, le serviteur de Dieu ferma ses livres pour ne plus lire que dans le grand livre de l'Éternité. Comme dit Barthélemy de Capoue, « il suspendit ses instruments d'écriture » et il cessa d'enseigner, d'écrire, de dicter afin de mieux écouter les voix intérieures qui parlaient en son âme.

« Mon Père, lui dit Raynald, comment
« pouvez-vous abandonner un si important

1. Dialogue de sainte Catherine de Sienne.

« ouvrage entrepris pour la plus grande gloire
« de Dieu et l'illumination du monde ? — « Je
« ne puis, je ne puis plus. Tout ce que j'ai écrit
« me paraît une paille méprisable. »

Employant tous les instants du jour et de la nuit à se purifier, il répétait sans cesse cette prière de saint Augustin, son modèle et son maître chéri. « Donnez-vous à moi, ô mon
« Dieu, rendez-vous à moi, car je vous aime,
« et si je ne vous aime pas encore assez, faites
« que je vous aime davantage. Je ne saurais
« juger combien il manque à l'amour que j'ai
« pour vous et combien il s'en faut qu'il soit au
« point où il doit être, afin que courant vers vous
« de toute ma force et me jetant entre vos bras
« pour ne jamais me séparer de vous, ma vie se
« perde et disparaisse dans cette lumière de
« votre visage où vous tenez cachés ceux qui
« vous aiment.

« Ce que je sais, c'est que quelque part que
« je sois hors de vous, je serai misérable ; que
« je sois dans moi-même ou hors de moi-même ;
« et que toute abondance, autre que mon Dieu,

« n'est pour moi qu'indigence et pauvreté. »

Sentant ses jours comptés, il voulut, au prix de beaucoup de fatigues, se rendre au château de San-Séverino pour dire adieu à sa sœur Théodora, comtesse de Marsico, qu'il aimait d'une sainte tendresse. Il y arriva épuisé, tout distrait en Dieu, pouvant à peine parler.

« Qu'est-ce, dit Théodora, pourquoi frère
« Thomas est-il tout abstrait? pourquoi me
« parle-t-il si peu ? » — « Il est ainsi, dit
« Raynald, depuis la fête de saint Nicolas. »

Quelques jours plus tard, Thomas eut un long ravissement qui effraya fort sa sœur. —
« Qu'arrive-t-il à mon frère, dit la comtesse de
« San-Séverino, très-émue ? » — « Souvent,
« reprit Raynald, je l'ai vu ainsi en extase ;
« mais jamais si longtemps. »

Et le bon frère s'approchant du saint le tira par son vêtement et l'éveilla.

Comme Raynald le pressait de questions, le docteur lui dit: « Mon fils, j'ai un secret à vous
« révéler, vous défendant au nom de Dieu,
« de notre ordre et de notre sainte amitié, de

« le communiquer à d'autres pendant ma
« vie : C'est que le temps d'étudier et d'é-
« crire est fini pour moi. Le Seigneur m'a fait
« de telles révélations que tout ce que j'ai
« écrit et consigné me paraît presque un néant,
« encore une fois, qu'un peu de paille dessé-
« chée, en comparaison de ce que j'ai vu. Aussi
« j'espère de la bonté de mon Dieu que bientôt
« je cesserai de vivre comme d'enseigner. »

Accompagné de Raynald et d'un serviteur le docteur revint à Naples, laissant sa sœur en proie à une profonde tristesse.

Toute la conversation du serviteur de Dieu était dans le ciel ; tantôt prosterné au pied des tabernacles, tantôt immobile devant son crucifix et baigné de larmes, il murmurait... » Ne me rejetez pas, Seigneur, dans le temps de « ma vieillesse ; et lorsque mes forces seront « affaiblies, ne m'abandonnez pas. »

Mais les jours de recueillement qu'il eût voulu mettre « entre le monde et Dieu [1] » ne

---

1. Maréchal Catinat.

devaient pas être longs ; le Seigneur le trouvait prêt.

Grégoire X reprenant la pensée d'Urbain IV voulut, lui aussi, éteindre le schisme d'Orient, et, à cette fin, convoqua pour le premier mai un Concile à Lyon. Un bref du Pontife y mandait frère Thomas, avec ordre d'apporter son « traité contre les erreurs des Grecs. »

Avant de se mettre en route pour répondre à cet appel inattendu, Thomas alla prendre congé du roi de Naples. « Que direz-vous au « Concile des affaires du royaume, lui demanda « ce mauvais prince justement inquiet ? — La « vérité, sire. »

Or les vêpres siciliennes arrivées quelques années plus tard laissent assez deviner ce que pouvait être cette vérité. Selon quelques-uns, Thomas paya de sa vie cette courageuse réponse et il serait mort empoisonné [1].

1. Tolomée de Luques l'affirme ; d'autres le nient ; quoi qu'il en soit, les austérités et les travaux de l'angélique docteur suffisent pour expliquer sa mort.

Voilà donc le bon religieux en route, escorté de Jacques de Salerne son serviteur, et de Raynald plus nécessaire que jamais car le docteur était de plus en plus abstrait et soulevé en Dieu. A mesure qu'il approchait de sa fin, on eût dit qu'il quittait et reprenait son corps, à volonté.

C'était au mois de février, la saison était rigoureuse, le voyage long, pénible, le serviteur de Dieu indisposé déjà... mais la sainte obéissance !

Or, à peu de distance de Naples, et sur le chemin des voyageurs, se trouvait le château de Magenza. Saint Thomas désira y entrer pour faire ses adieux à sa nièce Françoise d'Aquin, comtesse de Cecan, fille de son frère aîné Landulphe.

Là, le mal dont souffrait le saint religieux au départ augmenta; un insurmontable dégoût lui faisait repousser toute nourriture. Sur les affectueuses instances de ceux qui le soignaient, peut-être pour leur être agréable, il manifesta le désir de manger d'un certain petit poisson, très commun en France, très rare en Italie.

S'étant avec peine, et comme miraculeusement, procuré ce mets, on le prépara avec soin, espérant faire revenir un peu d'appétit au malade. Mais jusqu'à la fin, le serviteur de Dieu « refusant tout à ses sens et laissant à la divine bonté le soin de ce qui le regardait » n'en voulut point prendre. « Il l'avait, disait-il, trop ardemment désiré ; le mieux est de s'en remettre à la bonne providence », répétait-il.

Le mal ayant enfin un peu diminué, le saint voyageur voulut continuer sa route. « Partons, « Raynald mon frère, partons ; s'il plaît au « Seigneur de me visiter, il convient que je « reçoive sa visite dans une maison religieuse. » Et pourtant il souffrait beaucoup. Encore si près de Naples, il eût pu facilement revenir sur ses pas. Mais la sainte obéissance ! comment ne pas craindre d'y manquer, comment ne pas continuer son chemin vers la France.

Il continua donc en avant, espérant pouvoir atteindre une maison de son ordre ; cependant la fièvre augmentant, force lui fut de s'arrêter dans le diocèse de Terracine, au monastère cistercien de Fossa-Nuova. Heureux de recevoir un tel hôte, les religieux vinrent tous au-devant de lui ; il les combla de joie en acceptant leur hospitalité.

A peine entré dans ce lieu de silence, Thomas s'alla prosterner devant le Saint-Sacrement et répandre son cœur en présence de Celui qui l'appelait à son royaume. C'était la dernière fois qu'il devait avoir la consolation de prier au pied des saints autels.

Accompagné de plusieurs moines il franchit le seuil du cloître et, montrant l'église du monastère : « Reynald, mon fils, ici sera le lieu « de mon repos. »

L'abbé lui céda sa cellule, les bons frères l'entouraient de soins, et, pendant près d'un mois qu'il vécut dans ce monastère, les religieux se disputaient l'honneur de le servir ; ne permettant même pas que le bois nécessaire pour sa chambre fût coupé ou porté de la montagne par d'autres que par eux-mêmes.

Le mal empirait, les soins redoublaient : « que de soucis, bons frères, vous vous donnez

« pour conserver un corps condamné à périr !
« le corps n'est qu'une enveloppe, mais l'âme
« est immortelle, à elle tous nos soins ; » puis
il les exhortait à la charité fraternelle, à l'observance des règles.

A mesure qu'il se voyait prêt d'entrer dans la joie du Seigneur, les saints désirs de la mort étaient en lui, et plus vifs et plus tendres ; « comme le cerf altéré court avec ardeur aux « fontaines », cette âme sainte soupirait vers Dieu, source de vie, unique objet de son amour.

Grand nombre de personnes ayant appris la maladie du saint docteur, affluaient à Fossa-Nuova. Parents, amis, admirateurs, tenaient à lui témoigner leurs respects et leur affection.

De Naples, de Rome, arrivaient chaque jour des fils de saint Dominique, seuls visiteurs que le malade consentit à recevoir. Ceux-ci, le trouvant un jour un peu mieux unirent leurs prières à celles des religieux de Fossa-Nuova, lui demandant de leur expliquer en peu de

mots, avant de mourir, le «Cantique des Canti-
« ques », ainsi qu'en pareille occurence, l'avait
fait saint Bernard pour ses religieux de Clair-
vaux.

— « Donnez-moi l'esprit de saint Bernard,
« dit le malade, en souriant, et je ferai ce que
« vous désirez » ; — ils insistaient.

Lui, qui ne savait rien refuser, se rendit, et
improvisa sur le Cantique des Cantiques un
commentaire que les religieux recueillirent
pieusement par écrit. Un chant d'allégresse
terminait la carrière de l'angélique docteur.

Sans cesse, il murmurait sur sa couche : «Je
« ne commencerai à véritablement vivre, ô
« mon Dieu, que quand je serai rempli de vous
« et de votre amour ». Cet ardent amour illuminait et embrasait l'âme du serviteur de Dieu
et lui aidait à supporter et à vaincre les cruels
tourments du corps.

Cependant le mal empirait, la fin était immi-
nente. Donc, sur le point d'entrer en champ-
clos avec la mort, le saint malade voulut être
armé des sacrements de l'Église, et après que

Réginald eut entendu sa confession, il demanda le viatique.

Pendant que l'abbé et la communauté se disposaient à lui porter ce divin reconfort, le malade pria ses frères de le mettre sur la cendre, afin de recevoir son Dieu avec plus de respect. Quand il vit la Sainte-Hostie entre les mains du prêtre, sa foi s'exhala dans ces touchantes paroles :

« Je crois fermement que Jésus-Christ, vrai
« Dieu et vrai homme, fils unique du père éter-
« nel et d'une Vierge mère, est dans cet auguste
« sacrement. »

« Toutes les puissances de mon âme vous
« adorent, ô mon Dieu et mon rédempteur, que
« je vais recevoir sous ces espèces sacramen-
« telles. J'ai beaucoup écrit et souvent disputé
« sur votre sainte loi, sur les sacrements et les
« mystères de notre rédemption. Mon Dieu vous
« êtes le témoin fidèle de mes intentions, vous
« savez que je n'ai voulu écrire ou enseigner que
« ce que j'ai cru avoir appris de vous-même ; si

« j'ai eu le malheur d'errer en quelque chose,
« pardonnez à mon ignorance.

« Tout ce que j'ai jamais dicté ou écrit je le
« consacre à votre divine Majesté et je le sou-
« mets au jugement infaillible de notre sainte
« Église, dans le sein de laquelle vous m'avez
« fait la grâce de vivre et dans l'obéissance de
« laquelle je veux mourir[1]. »

Et il réitérait des actes de foi, d'adoration, d'amour. Puis il reçut le corps du Sauveur ; ce corps très glorieux dont mieux qu'homme au monde, il avait célébré les merveilles en docteur et en saint.

O res mirabilis, manducat Dominum
Pauper, servus, et humilis[2].

Quod non capis, quod non vides
Animosa firmat vides,
Præter rerum ordinem.

---

1. Boll, 677, n° 59.
2. Office du Saint-Sacrement, composé par saint Thomas d'Aquin.

Ecce panis Angelorum
Factus cibus viatorum
Vere panis filiorum [1].

O sacrum convivium, in quo Christus sumitur,
. . . .
Et futuræ gloriæ nobis pignus datur [2].

« O merveille ! pauvre, misérable, esclave, « j'aurai pour nourriture le Seigneur !

— « Ce que tu ne comprends ni ne vois, une « foi courageuse l'affirme, en dépit des lois de « la nature.

« Voici le pain des anges devenu nourriture « des voyageurs, le vrai pain des enfants. »

— « O banquet sacré, où je reçois le Christ « en gage de la vie éternelle ! »

L'action de grâce terminée, le mourant fut rapporté sur son lit où il reçut l'Extrême-Onction, répondant distinctement aux prières des religieux... Mais qu'elles furent souvent interrompues, ces prières, par les larmes et les sanglots des fils de saint Dominique !

1. *Ibid.*
2. *Ibid.*

Lui seul conservait une sérénité parfaite, une paix profonde ; s'apercevant que ceux qui l'entouraient fondaient en larmes, il les consola, les exhorta plutôt à se réjouir avec lui qui était enfin arrivé au terme désiré depuis si longtemps. « Je suis pénétré de la joie la plus vive, ne pleurez pas, la mort m'est un gain. »

S'approchant, frère Reynald, encore loin de cet état parfait, se lamente. « Père, Père, que
« je regrette, que je regrette de ne pas vous
« voir triompher des ennemis de l'Église au
« concile de Lyon... puis occuper une position
« capable de faire honneur à notre Ordre. » —
« Gardez-vous d'une semblable pensée, mon fils,
« reprit Thomas avec grande douceur, je re-
« mercie Dieu de m'avoir exaucé et de me lais-
« ser mourir en simple religieux ; m'appelant au
« séjour des bienheureux dans un âge peu
« avancé, il m'accorde une grâce qu'il a refusée
« à beaucoup de ses serviteurs. »

De nouveau, il remercia tous les religieux de Fossa-Nuova, leur promit de ne pas les oublier dans le ciel et, sur leur demande, leur donna une suprême bénédiction.

Alors un frère indiscret, « Père, Père, encore « un mot, comment faire pour ne pas perdre « la grâce ?

— « Tenez pour assuré que celui qui mar- « chera avec fidélité en la présence de Dieu, « qui toujours sera prêt à lui rendre compte de « ses actions, n'en fera jamais aucune qui le « puisse séparer de lui. »

Puis il ne parla plus qu'à Dieu ; le visage gai, il commença à fermer doucement les yeux au murmure de la psalmodie ; et son âme, avide de repos, brisant les liens qui la retenaient encore, monta au ciel escortée par les anges.

C'était le 7 mars 1274, peu avant le lever du soleil.

CHAPITRE XXI

SURVIE DE SAINT THOMAS

Pendant que la nature se réveillait, que de blanches vapeurs s'élevaient vers le ciel, que les oiseaux chantaient leur hymne matinal, le bruit de la crécelle funèbre annonçait aux religieux de Fossa-Nuova que l'angélique docteur n'était plus.

Alors ce fut un long gémissement dans les cloîtres. Mais le Seigneur, par des prodiges, allait immédiatement manifester la gloire de son serviteur et changer cette première douleur en douce et suave consolation.

Et déjà une flamme extraordinaire qui depuis trois jours luisait au-dessus du couvent venait de disparaître; puis un religieux priant dans la chapelle s'y était endormi et avait vu en songe, une étoile brillante tomber sur l'abbaye et remonter ensuite au ciel.

Les frères s'entretenaient à voix basse de ces signes mystérieux, tandis qu'ils allaient tour à tour s'agenouiller et épandre leur âme auprès des dépouilles du grand et saint théologien.

Bien qu'atteint de cécité, le sous-prieur, Jean de Florentino, ne voulut pas se dispenser de ce pieux devoir et se fit conduire près du mort. Or, pendant que dévotement il lui baisait les mains, un des moines présents lui dit : « Penchez-vous sur le visage de frère Thomas, « approchez vos yeux de ses yeux. » Frère Jean le fait avec confiance, demandant à Dieu de lui rendre la vue par les mérites de son serviteur : — « Béni soit le Seigneur, s'écrie-t-il « soudain, je vois. »

La grande nouvelle s'était promptement répandue ; en peu d'instants les routes aboutissant à Fossa-Nuova furent couvertes de religieux de tout ordre ; de peuple, de riches, enfin de seigneurs de la Campanie la plupart alliés de l'humble Thomas. Et tous se pressaient aux portes, demandant la faveur d'entrer et de prier, une dernière fois, auprès du défunt. On coupait des morceaux de ses vêtements, on sollicitait quelque objet ayant été à son usage, on lui faisait toucher des fleurs ou des rameaux afin de les garder comme reliques. Il n'est point de témoignages de vénération, de douleur et d'amour qui n'aient entouré la pauvre couche où reposait l'illustre mort.

Ce fut au milieu de cette foule pieuse et désolée que le précieux cercueil fut porté à l'église. L'évêque de Terracine, des frères mineurs, présidait la cérémonie entouré de moines de son ordre, de cisterciens et de fils de saint Dominique. Puis le cortège, au chantdes psaumes, se rendit à la porte extérieure du couvent; c'était une attention délicate envers la comtesse de Cécan, nièce de Thomas, qui ne pouvait franchir la clôture monastique. A la vue des restes de son saint oncle, la comtesse et les personne qui l'accompagnaient éclatèrent en longs sanglots qui brisaient l'âme des assistants.

On rentra ensuite dans l'église claustrale où le saint corps fut inhumé en face du maître-autel, « et un peu de terre, dit Guillaume de « Tocco, couvrit cet astre digne de briller « dans les cieux. »

Alors frère Reynald, ce tendre et constant ami du serviteur de Dieu, se vit contraint sur les instances de ceux qui l'entouraient et pour rendre hommage à son bien-aimé et saint maître, de faire violence à sa douleur et de prendre la parole. Après avoir, non sans être interrompu par ses sanglots et par les gémissements de l'auditoire, dévoilé l'éminente sainteté de l'angélique docteur, il se retira dans sa cellule pour prier et, sans témoin, laisser couler ses larmes.

Au moment où elle arriva, la mort de Thomas fut miraculeusement révélée dans plusieurs monastères dominicains. Ainsi à Cologne, Albert assis à table avec ses frères, se met tout à coup à fondre en larmes. On l'entoure et veut connaître la cause de cette soudaine et profonde affliction. — « Thomas, « mon fils dans le Christ, dit-il, d'une voix « entrecoupée par les sanglots, Thomas, l'écla- « tant flambeau de l'Église, vient de s'en aller « de ce monde vers son Seigneur. »

Les religieux stupéfaits notèrent la date et l'heure; et quand plus tard un courrier leur annonça que Thomas n'était plus, ils constatèrent qu'Albert, par une vue prophétique, avait connu l'événement à l'instant où il était survenu.

Puis, à Naples, c'était le frère Paul d'Aquilée qui, en songe, — toujours le 7 mars, — voyait saint Paul entrer dans la classe de Thomas pendant qu'il faisait son cours. Alors le docteur s'adressant à l'Apôtre, lui demandait : « S'il avait bien saisi le sens de ses Épitres ? « — Oui, autant qu'un homme vivant dans un « corps mortel le peut comprendre; mais je « veux que vous veniez avec moi et je vous « conduirai dans un lieu où vous aurez une

« plus claire intelligence de toute chose. » Et comme l'Apôtre semblait entraîner Thomas, le religieux s'éveillait en criant : « On nous « enlève, on nous enlève frère Thomas. »

Peu après le frère Albert de Brescia avait des révélations sur la gloire dont jouissait le le saint. Bref, les apparitions se multipliaient et aussi les miracles, grâces, guérisons spirituelles ou corporelles, accordées au nom de Thomas, en quelque lieu qu'on l'invoquât.

Mais ce serait excéder les limites de cet opuscule que de raconter toute la survie de l'angélique docteur, c'est-à-dire : les nombreux prodiges opérés par son intercession; le procès de sa canonisation ouvert dès 1318 et clos le 18 juillet 1323, par la sentence de Jean XXII, quarante-neuf années seulement après la mort du docteur; enfin l'histoire de ses reliques longtemps disputées, avec une piété singulière, par les Bénédictins aux Prêcheurs.

Depuis la mort du serviteur de Dieu, six

siècles, en passant ont, à l'envi, ajouté à sa gloire. L'histoire, la peinture, l'éloquence, la poésie ont rivalisé de zèle pour célébrer son génie et ses vertus.

Tolomée de Lucques, Guillaume de Tocco, prieur de Bénévent, Bernard Guidonis, évêque de Lodève, ses frères et ses contemporains; plus tard, saint Antonin, saint Vincent Ferrier, racontent ses œuvres et ses prodiges [1].

Taddeo Gaddi [2], élève du Giotto, Traïni [3], puis le céleste Beato fra Angelico des Prêcheurs [4], Filippini Lippi [5] et Raphael [6], fixent pour la prostérité ses traits majestueux; et après une foule d'historiens et d'artistes, les poètes prennent leur lyre pour glorifier le

---

1. Nous ne pourrions énumérer tous les historiens, peintres, savants, qui ont rendu hommage au docteur, le nombre en est trop considérable.
2. Tableau à Sainte-Marie Novelle de Florence.
3. Tableau à Sainte-Catherine de Pise.
4. Tableau à Fiesole, Florence, Naples, Paris.
5. Tableau à Sainte-Marie sur Minerve à Rome.
6. Tableau au Vatican, chambre de la signature, dispute du Saint-Sacrement.

« divin Thomas ». Et voici que le prince des docteurs a pour chantre le prince des poètes du moyen âge, Dante, le théologien, *Theologus Dantes nullius dogmatis expers.*

Puis, quels commentateurs et quels disciples innombrables ! Il faudrait citer en tête les plus grands théologiens et les plus grands saints, tels que : Cajétan, Suarez, Melchior Cano, saint François de Sales, saint Alphonse de Liguori, et auparavant les deux grands fondateurs du seizième siècle, saint Philippe de Néri et saint Ignace. « Celui-ci décrète que les professeurs
« de sa Compagnie suivront absolument la
« doctrine de saint Thomas, et le regarderont
« comme leur docteur propre [1] ». Celui-là rend un hommage plus grand encore : « Il vend un
« un beau jour tous ses livres de théologie, en
« distribue le prix aux pauvres, et ne garde
« auprès de lui que la Bible et la Somme de
« saint Thomas. Après ce sacrifice, il devint
« tellement homme d'oraison, que sa vie ne

1. Rorhbacher, liv. LXXXIV, t. XXIII, p. 564.

« fut plus qu'une prière continuelle¹ ». Même le protestant Leibnitz², et d'éminents philosophes contemporains vengent saint Thomas des longues calomnies que certains disciples excessifs et maladroits lui avaient attirées.

Comment relater tous les témoignages rendus à la pureté de sa doctrine par la suite des conciles et des papes ! Au concile de Trente, se trouvaient sur le bureau du président, deux livres : les Écritures et la Somme. Enfin, pour couronner toutes les louanges des pontifes et de l'Église, voici que Léon XIII, dépassant ses prédécesseurs, vient d'exalter les œuvres de l'Ange de l'École, prescrivant d'en faire les bases de tout enseignement philosophique et théologique. Et rendant encore à saint Thomas un honneur d'une autre sorte, Léon XIII vient de décréter que, dans la haute école fondée par

---

1. *Vie de saint Philippe de Néri,* par l'abbé A. Bayle, chap. III, p. 49 et chap. II, p. 44.
2. *Esprit de Leibniz,* par M. Eméry, supérieur de Saint-Sulpice. t. II.

lui sous le nom d'Institut Léonin [1], s'élèverait, à côté des trois chaires de littérature grecque, latine et italienne, une chaire de littérature *dantesque*. « Or, cette chaire de Dante, fondée
« par Léon XIII, est le complément de la chaire
« de saint Thomas..... Saint Thomas et Dante
« sont deux docteurs donnant, sous des formes
« différentes, le même enseignement [2] ».
Saint Thomas, c'est le treizième siècle dans la jeunesse de sa foi et la puissance de sa doctrine; « Dante, c'est saint Thomas en vers,
« c'est le chant de ce treizième siècle avec
« toutes ses grandeurs, ses beautés, ses har-
« monies, ses luttes, ses passions, ses ombres
« et ses lumières; c'est la poésie revêtant la
« robe du théologien; c'est l'expression la plus
« vivante et la plus splendide de toute une
« civilisation, témoin irrécusable, comme les
« cathédrales gothiques, des gloires et des

---

1. Fondé en 1884.
2. *Moniteur hebdomadaire de Rome*, du 17 juillet 1887.

« majestés de ce moyen âge si incompris[1].

Dans la divine comédie, Dante nous raconte sa première entrevue au ciel avec Thomas. Conduit par Béatrix dans la sphère du soleil, ils se voient entourés d'une troupe lumineuse d'âmes contemplatives. Une d'elles dit au poète : « Je fus un des agneaux du saint trou-
« peau que conduisit Dominique dans la voie
« où on trouve une nourriture délectable si
« l'on renonce aux vanités de la vie. Celui qui
« est le plus près, à ma droite, fut Albert de
« Cologne, mon frère et mon maître ; moi, je
« suis Thomas d'Aquin[2] ».

---

1. *Moniteur hebdomadaire de Rome*, du 17 juillet 1887. — « En Allemagne, ajoute ce savant journal,
« M. Feuerbach d'abord, puis Mgr Hettinger ont fait ce
« qu'ils appellent la *Théologie de Dante*. Mettant en
« regard les *Questions* de l'Ange de l'École et les *Chants*
« de la divine comédie, ils font toucher du doigt cette
« transposition parfaite de la scolastique dans la
« musique de la langue italienne. Ce sont les mêmes
« doctrines, quelquefois les mêmes mots. » — Nous reproduisons textuellement le français un peu... italien du savant journal.

2. *Paradis*, chant X. Rorhbacher, *Histoire de l'Église*, liv. LXXIX.

Et par une délicate pensée, l'Alighieri met sur les lèvres de Thomas, l'histoire et la louange de saint François d'Assise, comme il mettra l'éloge de saint Dominique dans la bouche de saint Bonaventure [1].

1. Abbé Didiot, *Vie de saint Thomas*, p. 210.

CHAPITRE XXII

SAINT THOMAS MAITRE ÉMINENT DE LA VIE INTÉRIEURE ASCÉTIQUE OU MYSTIQUE

Nous avons reconnu en saint Thomas un philosophe, un moraliste, un politique incomparable et, en même temps, le prince de la théologie scolastique. A ces titres s'en ajoute un autre qui les surpasse et les couronne ; saint Thomas est un maître éminent de la vie intérieure ; plus encore : un grand mystique.

On sait que la science de la vie intérieure se compose de deux parties :

« 1° La théologie *ascétique*, qui enseigne
« comment une âme parvient à la perfection
« chrétienne et à l'union avec Dieu, avec le
« secours ordinaire de la grâce[1].

---

1. P. Meynard, des Fr. Prêch., *Traité de la vie intérieure*, petite somme de théologie ascétique et mystique d'après saint Thomas d'Aq.; préface, t. Ier, p. VIII.

« 2° La théologie *mystique* proprement dite,
« qui a trait aux actes et aux phénomènes ex-
« traordinaires de la vie intérieure[1] »; phénomènes, relativement rares, qui, par une disposition de la providence, font parfois défaut
dans la vie de très grands saints.

Or, dans l'une et l'autre de ces deux théologies, Thomas est véritablement un docteur
angélique.

La doctrine ascétique de saint Thomas est
magnifiquement développée dans ses écrits,
soit *ex professo* dans tels et tels de ses opuscules, soit, comme accidentellement, dans
mille traits répandus çà et là au milieu de ses
volumineux ouvrages.

Il faut que l'autorité du saint en pareille matière soit bien grande pour que, à tort ou à
raison, l'Imitation de Jésus-Christ, « le plus
« beau livre sorti de la main des hommes »,
lui soit attribué dans certaines églises de France
et d'Allemagne, où l'on croit apercevoir, sous

---

1. *Ibid.*

le nom mystérieux de *Thomas a Kempis,* une corruption du nom de Thomas d'Aquin. Qu'on partage ou non cette opinion, on ne peut qu'être frappé de certaines analogies de pensées et de style qui rapprochent l'Imitation de Jésus-Christ de telles ou telles pages des traités ou sermons de saint Thomas, notamment de cet opuscule soixante-deux, *de moribus divinis*[1], qui constitue réellement un traité de l'Imitation de Dieu. En fait, la moelle d'une doctrine ascétique, vraiment pratique et réconfortante, se trouve dans chaque page de l'Ange de l'École [2].

De plus « saint Thomas occupe un rang « exceptionnel parmi les théologiens mys-

1. Traduit par l'auteur, 1 vol. in-32, Tours, Mame, 1886.
2. C'est pourquoi un maître en Sorbonne du dix-septième siècle, *Louis Bail, abbevillois,* a eu la pensée très ingénieuse, de publier en 2 gros volumes in-4º (Paris 1643), sous le titre de *Théologie affective,* une suite de méditations dont chacune a pour objet une des questions de la somme théologique. Cet ouvrage, très estimé, a été réimprimé récemment.

« tiques. Il possède en effet, à un degré émi-
« nent, les trois qualités essentielles d'un
« maître parfait dans la vie spirituelle : la
« vertu, l'expérience et la science [1]. »

D'abord la vertu, « l'intégrité de la vie s'unit
« en lui, dit Léon XIII, à la splendeur des
« plus hautes vertus [2]. »

« Pour l'expérience des choses spirituelles,
« c'est à peine si nous trouvons un saint qui
« lui soit comparable dans l'exercice de la con-
« templation et dans la communication des
« faveurs célestes les plus signalées [3]. »

Nous avons vu que, dès sa jeunesse, Thomas
était sujet à des extases et à des ravissements ;
et que ces phénomènes devinrent de plus en
plus fréquents, si bien que, dans les dernières

---

1. P. Meynard, préface, p. ix.
2. Bref du 4 août 1880, qui déclare saint Thomas patron des Universités. *Integritas vitæ cum splendore virtutum maximarum;* et ailleurs au commencement du bref : *Doctrina et virtute solis instar semper eluxit.* Il a toujours brillé comme un soleil par l'éclat de sa science et de sa vertu.
3. P. Meynard, *ibidem*, p. ix et x.

années de sa vie, le saint paraissait, comme à volonté, quitter et reprendre son corps.

« Enfin la science mystique de saint Thomas « est si étendue qu'il n'est aucune question de « la vie intérieure qu'il n'ait expliquée dans « ses ouvrages. Il n'a pas réuni, il est vrai, « dans un seul traité, tous les principes de la « vie spirituelle ; mais si on condensait dans « un volume ce qui se trouve répandu dans ses « écrits touchant la théologie mystique, ce « livre serait le plus exact et le plus solide de « tous ceux qui en ont traité [1]. » Ce travail de seconde main a été tenté plus d'une fois ; entre autres par Thomas de Walgornera des frères prêcheurs [2] et récemment par un autre dominicain, le P. Meynard, auquel nous avons emprunté les citations précédentes. Au reste, les traditions mystiques du prince des docteurs se trouvent gardées au sein de l'école dominicaine par « saint Vincent-Ferrier, le B. Henri « Suso, Tauler, le vénérable Barthélemy des

1. P. Meynard, préface. p. x.
2. Barcelone, 1662.

« martyrs, etc..., enfin par sainte Catherine
« de Sienne[1] » que nous avons citée plusieurs
fois au cours de ce travail.

L'éclat de ces doctrines se projette au dehors
de l'ordre des prêcheurs : « ainsi l'école du
Carmel, surtout du Carmel réformé, cette phalange serrée d'écrivains savants et pieux, qui
nous apparaît du seizième au dix-huitième
siècle, ce grand foyer de vie intérieure et mystique ne s'est formé et maintenu qu'en s'attachant inviolablement à l'esprit et aux principes
de saint Thomas[2]. » Les Thomas, les Thérèse,
les Jean de la Croix semblent animés du même
esprit ; impossible par exemple de lire certaines pages *de la montée au Carmel* sans
retrouver, identiquement, la psychologie de
saint Thomas.

Cette théologie surnaturelle, vraiment divine,
que l'ange de l'école a léguée à sainte Catherine de Sienne, à sainte Thérèse pour être

1. P. Meynard, préface, p. XI.
2. *Ibid.*, p. XIII.

transmise à travers les âges, il l'avait reçue lui-même, par Albert et saint Augustin, de saint Denys. « Saint Thomas passe, en effet,
« pour le meilleur interprète de l'aréopagite.
« Non seulement il le cite et l'explique à
« chaque instant dans ses ouvrages, mais il le
« commente en règle dans les *noms divins;* et
« sans doute il aurait commenté les trois
« autres traités : de la *hiérarchie céleste,* de la
« *hiérarchie ecclésiastique* et de la *théologie*
« *mystique,* si le B. Albert le Grand ne l'avait
« dispensé de ce labeur par un travail admi-
« rable [1]. »

Saint Thomas est, avant tout, le disciple de l'aréopagite. Ce grand maître lui avait appris que « la théologie mystique, » — en englobant sous ce mot, selon la coutume des anciens, et la science ascétique et la science mystique proprement dite, — « est la science expérimen-
« tale, affective, infuse de Dieu et des choses
« divines... Science émanant de Dieu, source

---

[1]. P. Meynard, préface, p. XIII.

« de sagesse et de vie, qui laisse tomber sur
« l'homme les rayons de la vérité sacrée, le
« touche, l'enlève jusqu'au sein de ces splen-
« deurs infinies que l'esprit ne comprend pas,
« mais que le cœur goûte aime, et révère... »

... « Quand l'âme, fidèle à sa vocation,
« atteint enfin Dieu par ce goût intime et ce
« sentiment ineffable que ceux-là peuvent
« apprécier qui l'ont connu et expérimenté,
« alors elle se tient calme et paisible dans la
« suave union dont Dieu la gratifie. Rien ne
« saurait donner une idée de cet état : c'est
« la déification de la nature[1]. »

Ces lignes résument toute la vie de saint Thomas ; comme si le grand docteur avait fait sienne cette prière et ces exhortations de saint Denys.

« Trinité suprà essentielle, très divine, sou-
« verainement bonne, guide des chrétiens dans
« la sagesse sacrée, conduisez-nous à cette

---

1. Saint Denys, *Argument général de la théologie mystique*. Traduction Darboy.

« sublime hauteur des Écritures, qui échappe
« à toute démonstration et surpasse toute lu-
« mière. Là, sans voiles, en eux-mêmes et
« dans leur immutabilité, les mystères de la
« théologie apparaissent parmi l'obscurité très
« lumineuse d'un silence plein d'enseignements
« profonds : obscurité merveilleuse qui rayonne
« en splendides éclairs, et qui, ne pouvant être
« ni vue ni saisie, inonde de la beauté de ses
« feux les esprits saintement aveuglés. Telle
« est la prière que je fais.

« Pour vous, ô bien-aimé Timothée, exercez-
« vous sans relâche aux contemplations mys-
« tiques ; laissez de côté les sens et les opéra-
« tions de l'entendement, tout ce qui est
« matériel et intellectuel, toutes les choses qui
« sont et celles qui ne sont pas, et d'un essor
« surnaturel, allez vous unir, aussi intimement
« qu'il est possible, à Celui qui est élevé par delà
« toute essence et toute notion. Car c'est par
« ce sincère, spontané et total abandon de
« vous-même et de toutes choses que, libre et
« dégagé d'entraves, vous vous précipiterez

« dans l'éclat mystérieux de la divine obscu-
« rité.

« Veillez à ce que ces choses ne soient pas
« entendues par des indignes : je veux parler
« de ceux qui se fixent dans la créature, qui
« n'imaginent au-dessus du monde de la nature
« aucune réalité supérieure, et qui estiment
« pouvoir connaître par la force de leur propre
« esprit Celui qui a pris les ténèbres pour
« retraite [1]. »

..... « Ambitionnez d'entrer dans cette obs-
« curité translumineuse, et de voir et de con-
« naître précisément par l'effet de notre aveu-
« glement et de notre ignorance mystiques,
« Celui qui échappe à toute contemplation et à
« toute connaissance. Car c'est véritablement
« voir et connaître, c'est louer l'infini d'une
« façon suréminente, de dire qu'il n'en est rien
« de ce qui existe [2]. »

Est-ce que cette page, dont chaque mot a été

---

1. Saint Denys, *Théologie mystique*, chap. 1ᵉʳ, §§ 1, 2. Traduction Darboy.
2. *Ibid.*, chap. II. — V. la NOTE F à la fin du volume.

longuement commenté par les mystiques chrétiens, ne résume pas le plan divin de la vie de « ces âmes d'élite qui disposées par la pureté « de cœur et par la prière sont amoureusement « élevées par Dieu, dès ce monde..., tels : « Moïse et Elie ; saint Paul ravi jusqu'au troi- « sième ciel, saint Bonaventure, *saint Thomas* « *d'Aquin,* sainte Thérèse, saint Jean de la « Croix [1]. »

1. Rohrbacher, *Histoire de l'Église*, t. V, liv. XXVII, p. 48. Voir aussi : saint Denys, hiérarch. céleste, chap. I, §§ 2 et 3, trad. de Mgr Darboy et trad. de M. l'abbé Dulac; saint Thomas (soit dans l'abrégé de Lebrethon, soit bien plutôt dans l'original) Som. théolog. 1re part. quest. 12, notamment article 11, et 2e sect. de la 2e part. quest. 175 *sur le Ravissement.* En se rapportant à ces textes de Rohrbacher, de saint Denys et du docteur angélique, on comprendra les redoutables difficultés de ces matières, et on s'expliquera pourquoi nous nous abritons sans cesse derrière l'autorité de citations choisies.

CHAPITRE XXIII

SUJET QU'ON NE TRAITE POINT. — LES GRANDS SECRETS
DE SAINT THOMAS

Nous n'aurions pas la présomption de décrire les ravissements et autres faveurs célestes dont Thomas a été comblé. Ce sujet majeur et essentiel, nous ne le traiterons pas; et cependant nous en indiquerons quelques points, parce que c'est dans la vie intérieure et extraordinaire de notre saint que nous découvrons le fond, et comme les sources de sa vie extérieure : apostolique, scientifique et politique.

Saint Thomas disait « avoir plus appris au « pied de son crucifix que dans tous ses livres. » En effet, élevé de terre et comme ravi au ciel, il contemplait d'en haut, avec un regard d'ange, l'ordre et l'économie de l'univers qui se déroulait à ses pieds. Quand il écrit ses volumineux ouvrages d'une dialectique si serrée et si puissante, il semble que sa raison d'homme ne lui servait qu'à expliquer, par une traduction laborieuse, affaiblie, appropriée à la courte vue des hommes, les vérités que tout à l'heure il embrassait d'ensemble, par un clair et lumineux regard, par une angélique intuition. — On saisit le sens des paroles qu'il proférait au sortir d'un de ses derniers ravissements : « Auprès de ce que Dieu vient « de me révéler, ce que j'ai écrit n'est rien, un « peu de paille... »; et aussi ce mot de Réginald : « que Thomas dictait et dictait, comme « de source, à la manière d'un homme qui lit « dans un livre. »

Tel est le résultat. Mais comment Thomas l'a-t-il obtenu? Par quel chemin un mortel peut-il s'élever à de pareilles hauteurs?

Le docteur, lui-même, va nous l'apprendre dans quelques lignes de la somme philosophique. Avant de les lire, rappelons que l'on peut considérer quatre états de l'âme et, par conséquent, de l'intelligence humaine :

1° Lorsque l'âme est unie à un corps, comme en cette vie et dans les conditions ordinaires ;

2° Lorsqu'elle est libre, séparée de tout corps, comme après notre mort ;

3° Lorsque dès cette vie, par suite de circonstances physiques ou spirituelles extraordinaires, l'âme se trouve plus ou moins dégagée de son corps ;

4° Lorsque l'âme se trouve réunie à son corps après le jugement.

Le quatrième état n'est pas actuellement en cause ; et si nous le citons c'est seulement afin de compléter l'énumération, et aussi de rappeler que le corps même des saints reçoit souvent, dès ce monde, les prémices des qualités glorieuses. Ainsi, par exemple, nous avons vu que parfois le visage de saint Thomas s'illuminait d'une clarté céleste, ou que son corps demeurait élevé au-dessus de la terre.

Considérons maintenant le premier état : « Lorsque l'âme est unie à un corps, le principe

« de sa connaissance est dans les sens[1], et
« c'est par la nature des choses visibles qu'elle
« s'élève à la connaissance des choses invi-
« sibles[2]. En résumé, selon les philosophes
« l'âme est semblable à une toile blanche sur
« laquelle on n'a peint aucune figure, de
« même, suivant le cours ordinaire de la
« nature, elle n'a rien et n'acquière aucune
« connaissance que par l'opération des sens,
« comme un prisonnier ne voit que par les
« fenêtres de la prison où on le tient dans les
« fers. C'est pourquoi quand elle rejette ce que
« les sens lui présentent, elle n'a ni objet ni
« connaissance, et elle est dans l'obscurité et
« la privation de toutes choses, puisque c'est
« par ces seules ouvertures que la lumière et
« les créatures peuvent passer jusqu'à elle[3]. »
Voilà pour l'âme unie au corps.

1. *Som. Théolog.*, 1re partie : quest. 84, art. 6 ; et Aristote métaphy., liv. I, chap. Ier et liv. II, texte 27.
2. *Som. Théolog.*, 1re partie, quest. 84, art. 7 et 88, art. 2.
3. Saint Jean de la Croix, *Montée au Carmel*, liv. I, chap. III.

Quant au deuxième et au troisième état : de séparation entière ou partielle, les voici décrits dans la page annoncée plus haut, de la somme contre les Gentils[1] : « Lorsque l'âme
« est séparée, son *être* lui appartient à elle
« seule, sans que le corps y participe; et con-
« séquemment, elle n'a plus besoin, pour
« réaliser son opération, qui est l'acte de con-
« naître, d'objets existants dans les organes
« corporels, c'est-à-dire des images; mais elle
« connaît alors par elle-même de la manière
« propre aux substances qui sont les plus com-
« plètement séparées des corps à raison de leur
« *être*, et dont nous nous occuperons plus loin
« (chap. 91-101); et même il pourra se faire
« que l'âme reçoive de ces substances, comme
« lui étant supérieures, une influence plus
« abondante, qui aura pour effet de perfec-
« tionner sa connaissance.

---

1. *Som.* contre les Gentils, liv. II, chap. LXXXI. Trad. de M. l'abbé Ecalle. V. aussi la NOTE G à la fin de ce volume.

« Il se passe quelque chose de semblable,
« même pendant la vie présente. Nous voyons,
« en effet, que si l'âme est gênée dans ses
« opérations par des préoccupations [trop
« vives] ayant pour objet le corps où elle
« réside, elle perd la vigueur nécessaire pour
« s'élever à la connaissance des choses les plus
« sublimes. C'est pourquoi la vertu de tempé-
« rance, qui détourne l'âme des voluptés sen-
« suelles, est celle qui développe le plus dans
« l'homme la faculté de connaître. Ceux-là
« même qui sont plongés dans le sommeil,
« alors qu'ils ne font plus aucun usage des
« sens, et que les humeurs et les vapeurs sont
« dans un repos complet, impressionnés par
« des êtres supérieurs, aperçoivent dans l'ave-
« nir des choses que l'homme ne saurait
« découvrir par tous les raisonnements pos-
« sibles. C'est ce que l'on remarque surtout
« chez les personnes tombées en syncope ou
« ravies en extase, et cela va d'autant plus
« loin qu'elles sont plus affranchies des sens.
« Il doit en être ainsi ; car l'âme humaine

« étant, comme nous l'avons démontré (ch. 68),
« sur les confins des corps et des substances
« incorporelles, et comme à l'horizon qui
« sépare l'éternité du temps, à mesure qu'elle
« s'éloigne des êtres placés au plus bas degré
« de l'échelle, elle se rapproche de ceux qui
« occupent le sommet. Lors donc qu'elle sera
« entièrement détachée du corps, elle devien-
« dra parfaitement semblable aux substances
« séparées, quant à la manière de connaître,
« et leur influence sur elle se fera sentir
« davantage [1]. »

Ne venons-nous pas de surprendre le grand secret de saint Thomas? N'est-ce pas la mortification sous toutes ses formes : pauvreté, chasteté, obéissance, qui ont divinisé cette âme ? « la rendant intérieurement conforme et toute
« semblable à Dieu; et, comme disent les
« saints, parfaitement *déiforme*, c'est-à-dire

---

[1]. Ceci ne confirme-t-il pas ce que dit sainte Thérèse dans *sa vie écrite par elle-même* : « Je crois que la « mort ressemble beaucoup à un ravissement. »

« toute ardente d'amour et lumineuse de la
« clarté de Dieu [1]. »

La supériorité du mystique par rapport au simple théologien et au philosophe peuvent s'expliquer au moyen d'une comparaison [2] :

Le philosophe est comme l'observateur qui, dans la plaine, au ras du sol, ne peut découvrir que laborieusement la place et l'importance des objets. La perspective, la brume, lui suscitent des illusions qu'il ne dissipe qu'à grand'peine ; et quand, après avoir parcouru et mesuré le terrain en tous sens, il dresse un plan, ce ne peut guère être sans y commettre de graves ou nombreuses erreurs.

Le scolastique ou théologien ordinaire est comme un homme qui, transporté surnaturellement sur une cime où n'accèdent nuls chemins naturels, distingue d'un coup les objets que le

1. M. Olier, *Catéch. de la vie intérieure*, 1re partie, chap. xxv.
2. Sur ces comparaisons, voir la NOTE I à la fin de ce volume.

philosophe ne voit d'en bas que successivement; et il en aperçoit bien d'autres encore. Ses champs d'observation sont donc beaucoup plus étendus; sans compter qu'élevé au-dessus des brouillards, il discerne tout avec beaucoup plus de netteté et de précision sous les clartés plongeantes du soleil, qui, là, darde les rayons d'une lumière plus intense et plus pure que celle qui parvient dans le fond des vallées.

Mais le théologien mystique est celui qui, ravi de la terre, est emporté, comme sur les ailes de puissants esprits, dans quelque haute région du ciel; et qui, de là, éclairé par une lumière d'une force et d'une vivacité extraordinaires, découvre et pénètre merveilleusement les choses d'ici-bas et aussi les autres régions de l'univers.

Quelle erreur grossière et puérile est donc celle du monde ne voulant voir dans les mystiques que des fanatiques ou des hallucinés. Non, ce sont vraiment les princes de la science, les flambeaux du genre humain. Loin de retirer de leur commerce extraordinaire avec les saints, les anges et Dieu, des conceptions opposées au bon sens et à la logique, à la science et à la pratique de la vie, ils ont au contraire puisé là une raison supérieure, une logique transcendante, et sont devenus, plus qu'aucun mortel, gens de science et de pratique. « Les mystiques, dit Donoso Cortès, sont « avant tout des hommes de bon sens. » Cette parole du penseur espagnol ne se trouve-t-elle pas vérifiée dans les correspondances de saint Bernard, de sainte Brigitte, de sainte Catherine de Sienne, de Marie d'Agreda, avec les papes et les grands, et dans ces lettres, pétillantes d'esprit, où sainte Thérèse apprend à ses frères à exercer le patronat, à gérer leur fortune et à se comporter dans le monde.

Et si saint Thomas est le plus pratique des hommes d'État, des moralistes, des directeurs d'âmes, le plus serré des logiciens, c'est parce qu'il a été grand mystique.

Or, chose remarquable, il est resté lui-même ; car Dieu qui traite la créature raisonnable « avec le plus grand respect[1] », Dieu, même par ses dons surnaturels les plus extraordinaires, perfectionne la nature sans la changer : si bien que, dans toute page de saint Thomas d'Aquin, on retrouve comme une ineffaçable et triple empreinte, la subtilité de l'italien, la force du Teuton, et, dans les choses privées comme dans les choses politiques, la modération et le bon sens pratique du Normand.

Dernière question : — Pourquoi saint Thomas n'a-t-il pas couronné son résumé encyclopédique des connaissances humaines en écrivant quelque abrégé ou somme de cette maîtresse science qui est la mystique ? — Probablement par ces mêmes sentiments de prudence et d'humilité qui inspiraient saint Denys[2] son maître, et qui plus tard devront

---

1. Sagesse, chap. XII, v. 18. *Cum magnâ reverentiâ disponis nos.*
2. *Théolog. mystique*, chap. I, § 2.

inspirer sainte Thérèse ; car, après sa mort, la grande réformatrice du Carmel, qui pourtant n'avait rien écrit que par obéissance, apparut à une de ses sœurs pour l'avertir « qu'elle « serait fâchée que ses filles s'adonnassent trop « à la lecture de ses ouvrages, particulière- « ment du plus grand qui traite de sa vie [1]. »
« — O mes filles, laissons les hautes mon- « tagnes aux cerfs et cheminons modestement « au fond de la vallée [2] » [3].

1. Avis donné par la sainte après sa mort, par le moyen de sœur Catherine de Jésus, au provincial Jérôme Gratien. *Œuvres de sainte Thérèse*, édition Migne, t. II, p. 657.

2. Saint François de Sales ou M. Olier, lettres spirituelles?

3. Sur tout ce chapitre, voir aussi la NOTE H à la fin de ce volume.

CHAPITRE XXIV

ÉPILOGUE : COUP D'ŒIL SUR LA CARRIÈRE DE SAINT THOMAS

Parvenus au terme de cette modeste étude, essayons de résumer la glorieuse carrière de notre saint.

Thomas a été appelé de Dieu dans cet Institut des Prêcheurs qui a pour fin principale : « la science pour honorer Dieu et pour sauver « les âmes. »

Or, la science s'acquiert en premier lieu dans deux livres : l'univers et l'homme. Et personne n'a su mieux que l'Ange de l'École lire et commenter ces deux livres.

Dans l'univers, il a constaté l'infinie petitesse des choses créées et les grandeurs infinies du Créateur qui se révélait dans ses œuvres. De là, ces hautes conceptions de la souveraineté et du gouvernement de Dieu qui caractérisent sa théologie.

Dans lui-même, dans ce *microcosme* ou abrégé de l'univers qui est le composé humain, il a pareillement reconnu l'infinie petitesse de la créature et les infinies grandeurs du Dieu qui lui apparaissait au fond de son âme.

Ainsi dans ces deux livres, l'univers et l'homme, même spectacle : un Dieu infini par sa puissance, sa sagesse et son amour, et une créature qui devant Lui est comme néant[1].

Ce contraste entre l'infinie grandeur et la bassesse, apparaissant chaque jour plus net et plus saisissant devant une intelligence sans cesse agrandie par l'étude, la méditation et surtout les visions, la vue de ce contraste développait chez Thomas deux vertus maîtresses, dont l'union harmonique fait l'essence du christianisme : l'humilité et la dignité.

1. Psaume 38, v. 6. — V. aussi NOTE A à la fin du volume.

L'humilité, puisque l'homme en lui-même « n'est rien, ne sait rien, ne vaut rien [1]. »

La dignité, puisque l'homme est bien grand, en tant qu'uni à Dieu dans lequel il vit, se meut et existe [2], et qui le convie à s'unir à Jésus-Christ et à laisser faire de son âme la demeure de la Sainte Trinité [3].

Comment donc, au sortir de ses pieuses lectures et surtout de ses divins colloques avec les hôtes du ciel, saint Thomas n'aurait-il pas été rempli d'une humilité et d'une fierté saintes!

Comment, lui, néant à ses yeux, n'aurait-il pas aimé et désiré les outrages et les injus-

---

1. M. Olier, sa vie.
2. *In Ipso vivimus, et movemur, et sumus.* « C'est en lui que nous avons la vie, le mouvement et l'être. » (*Act.* chap. XVII, v. 28. Trad. de Carrières.)
3. *Si quis diligit me... ad eum veniemus et mansionem apud eum faciemus.* « Si quelqu'un m'aime, Nous (les « trois personnes de la Sainte Trinité) nous viendrons « à lui et nous ferons en lui notre demeure. » (Saint Jean, chap. XIV, v. 23.) Traduction et NOTE de Mgr Gaume. V. aussi *l'Imitation de Dieu*, traduite de saint Thomas par l'auteur; chap. VIII, p. 70, et NOTE de M. l'abbé Noël.)

tices? — demain, d'ailleurs, surabondamment réparées dans l'autre vie. Et comment, saintement épris de sa double dignité d'homme et de chrétien, n'aurait-il pas eu l'ambition de faire respecter et aimer en lui ce Dieu que nous avons l'honneur incompréhensible de porter dans notre cœur ; comment n'aurait-t-il pas obtenu, selon sa propre demande, « ce cœur « fidèle et fier qui ne chancelle jamais : ce cœur « indomptable, toujours droit, toujours libre, « jamais esclave.» Aussi l'avons-nous vu intrépide devant le danger, la souffrance, la mort ; et disant la vérité aux rois, au péril de sa vie.

Quant aux éloges et aux vaines gloires du monde : fumée, fumée, que tout cela.

Non, la fin du vrai savant c'est Dieu et Dieu par Jésus-Christ : c'est l'éternelle joie de connaître et d'aimer Celui qui EST : — « La vie « éternelle c'est de vous connaître, VOUS SEUL « VRAI DIEU, et celui que vous avez envoyé « JÉSUS-CHRIST[1]. »

---

[1]. *Prière de Notre-Seigneur*, saint Jean, chap. XVII, v. 3.

En se manifestant par ses grâces, ses rares faveurs et ses visions, Dieu avait, dès ici-bas, répondu à l'humble et fière demande de l'enfant du mont Cassin : « Qu'est-ce, mais qu'est-ce « que Dieu? Apprenez-moi donc ce qu'il est, « afin que je l'aime, sinon autant qu'il est « aimable, du moins autant que je suis capable « de l'aimer. »

FIN.

NOTES

Note A

Voir chapitre IV, page 36.

Au lecteur que surprendrait cette lumineuse parole de sainte Catherine de Sienne, nous rappellerions ce texte de l'apôtre : « Je ne suis rien. » (IIe aux Corinth., chap. XII, v. 11.) « Si quelqu'un s'estime quelque « chose, il se trompe, car il n'est rien. » (*Galat.*, chap. VI, v. 3), etc.

Nous pourrions également produire de nombreux passages de M. Olier, celui-ci entre autres : « Nous « sommes si bien un vrai néant, que si *Dieu ne nous* « communique l'être à tout moment, il n'y a rien en « nous ; il ne nous reste que le néant, qui est notre « fond et notre propre ». *Introduction à la vie et aux vertus chrétiennes* chap. V, p. 69 ; et *ibidem*, p. 93 et 104.) Au reste, l'illustre et pieux fondateur de Saint-Sulpice n'est-il pas l'écho des mystiques de l'Espagne, et de saint Paul, qu'il méditait sans cesse ?

Il nous semble que l'on peut entendre de deux manières ce RIEN de la créature :

D'abord, la créature n'est rien, comme vient de le dire M. Olier, à cause de son état de créature : « Nous « vivons, nous nous mouvons, et nous sommes en « Dieu. » (*Actes*, chap. XVII, v. 28.)

Ensuite, la créature n'a qu'une grandeur finie, et, partant, elle est, auprès du Dieu infini, comme nulle, « comme un rien ; *Tanquam nihilum* », selon l'expression même de David (Psaume XXXVIII, v. 6), que Racine a traduite dans ces vers :

> Il voit *comme un néant* tout l'univers ensemble ;
> Et les faibles mortels, vains jouets du trépas,
> Sont tous devant ses yeux, *comme s'ils n'étaient pas*.

Primitivement, nous avions simplement reproduit cette pensée de Platon — pensée évidemment empruntée aux Hébreux : « Dieu est celui qui est, et « la créature ce qui n'est pas ». Or, le savant abbé Paliez (du clergé de Paris) nous a fait remarquer que cette manière « de parler ne semblait pas à l'abri « de tout reproche, car bien que dans l'Écriture, du « moins dans ses traductions autorisées, on dise par- « fois : *Dieu est celui qui est..... Celui qui est m'envoie* « *vers vous*, cependant il semble plus exact de traduire : « *Je suis celui qui suis*. En hébreu il y a : ERO *qui* ERO. « *Sic dices filiis Israël* : ERO *misit me ad vos*. — Ceci aurait « peu d'importance en soi, s'il ne s'agissait d'un texte « de la sainte Écriture fort important, et dont l'inter- « prétation inexacte pourrait favoriser des erreurs « panthéistiques extrêmement difficiles à réfuter. Les « paroles de sainte Catherine de Sienne sont, à ce point

« de vue, parfaitement exactes. Elle ne dit pas : *Je suis*
« *celle qui n'est pas* ; elle dit : *Je suis celle qui ne suis*
« *pas... nous sommes ceux qui ne sommes pas.* »

Note B

Voir chapitre X, page 102.

Voir *Somme théologique*, 1ʳᵉ partie, quest. 85, art. 7 ; Opuscule *de anima*, liv. II, lect. 19 (tome XX, p. 85, de l'édition de Parme), etc.

Voir aussi le savant et substantiel opuscule du Père Ramière : *L'accord de la philosophie de saint Thomas et* « *de la science moderne*, p. 54, 55.

Winkelman énonce une pensée semblable : « Nos « idées sont, en général, analogues à notre conforma- « mation. » (*Réflexions sur le sentiment du beau dans les ouvrages de l'art*; édité par Barrois. Paris, 1786.)

Au reste, tout ceci est loin d'être général ; très souvent la vertu fleurit dans des corps imparfaits, pendant que la beauté sert de masque au vice.

Note C

Voir chapitre X, pages 104 et 105.

Ainsi, le prince des docteurs, et Grégoire VII, un des plus grands papes, résumaient en eux les principales

16.

races de la chrétienté. — Ces remarques physiologiques ne semblent-elles pas appuyer la thèse soutenue il y a quelque trente ans par M§r de Ketteler, évêque de Mayence (*liberté, autorité, Église;* chap. XXI : Germanisme et Romanisme), sur la nécessité pour l'Église et la civilisation d'unir harmoniquement les types dits latins et germains qui composent l'Europe.

Nous ne pouvons, nous répétait un savant qui a beaucoup étudié Saint-Thomas, nous ne pouvons lire ses traités politiques, sans nous défendre de penser que c'est un homme du Nord, et probablement un Normand qui les a écrits. A ceux qui nous taxeraient d'exagération, nous conseillerions de lire dans le « *gouvernement* « *des princes de saint Thomas,* » certains chapitres (notamment les chap. I et II du liv. II sur l'influence des races).

Note D

Voir chapitre XII, page 135.

Dans l'Encyclique « *Pergrata Nobis* » adressée, le 14 septembre 1886, aux évêques de Portugal, « Léon XIII « résume ses leçons dans cette trinité : modération, « prudence, charité. »

« La modération, dit à ce sujet le *Moniteur hebdoma-* « *daire de Rome* (17 octobre 86), la modération, ce beau « mot latin, veut dire l'aristocratie de l'esprit et du « cœur..... la modération, c'est l'équilibre, c'est le jeu « régulier des facultés, c'est la domination de soi-même,

« c'est la compréhension juste et complète des choses :
« c'est la résultante de ces qualités. Rien n'est plus
« difficile que la modération, comme rien n'est plus
« fécond et plus grand. Elle suppose une nature saine,
« un jugement ferme, du bon sens doublé de vertu,
« des connaissances approfondies. Les *modérés sont les
« forts*. Ils ont le ton juste, ils ne connaissent ni les
« exagérations dangereuses, ni les confusions regret-
« tables. »

Ne trouve-t-on pas dans cette page du savant journal, un éloge du *prince des docteurs* ?

En voici un autre, fortuitement tracé par un grand évêque de nos jours, et qui s'applique à notre saint, considéré comme politique et homme d'État. « Savez-
« vous demandait un jour — à Mgr Perraud, évêque
« d'Autun — le cardinal Guibert, avec cette lenteur
« cadencée et ce rhytme méridional dont se souviennent
« tous ceux qui l'ont entendu : savez-vous pourquoi
« les violents ne sont pas aptes au gouvernement? Con-
« sultez l'étymologie, *elle vous le dira*. Les Romains,
« dont le génie n'excella pas moins dans l'administra-
« tion que dans la conquête, employaient le mot
« *moderari* pour exprimer l'idée de gouverner ; tant il
« est vrai que la mesure, la possession de soi-même, la
« pondération sont des qualités indispensables aux
« hommes chargés de conduire les autres. » (Oraison funèbre du cardinal Guibert, prononcée par Mgr Perraud, évêque d'Autun, en novembre 86.)

Note E

Voir chapitre XIV, page 157.

Sur l'époque de Philippe-Auguste et de saint Louis.

Faisons deux remarques.

La race française est formée de trois principaux éléments, dont chacun, d'ailleurs, est fort complexe : l'élément celtique, l'élément latin, l'élément germanique.

L'histoire de France, à ne la considérer que depuis la conquête des Francs, présente trois époques, dont les trois points culminants semblent caractérisés par trois rois : Charlemagne, saint Louis et Louis XIV. Ces trois apogées de puissance politique et de civilisation sont, d'ailleurs, chacun la récompense d'une ère de vertus. Les gloires du règne de Charlemagne sont préparées par les Charles Martel et les Pépin; les gloires du règne de saint Louis sont préparées par Louis VII, Philippe-Auguste et Louis VIII ; celles du règne de Louis XIV, par Henri IV et Louis XIII.

Ces deux remarques, sur la division des races et la division de l'histoire, nous conduisent à un rapprochement saisissant :

L'époque de Charlemagne a un caractère germanique.

Celle de Louis XIII et de Louis XIV a un caractère latin, ou plutôt hispano-latin.

Et on peut dire, au contraire, de celle de Philippe-Auguste et de saint Louis qu'elle est éminemment française, parce que les trois éléments celtique, latin et germanique s'y trouvent harmonieusement pondérés. Comme de juste l'influence celto-saxonne prédomine ; la France d'alors est une nation du nord, c'est la vraie France blonde, aux yeux bleus, personnifiée par saint Louis. La langue et une partie des lois sont latines, le caractère est français. Lisez les chroniques de Joinville : comme cela est frais, naturel, rempli d'une charmante bonhomie. Regardez ces personnages sculptés autour du chœur de Notre-Dame de Paris; on dirait qu'ils vont parler allemand.

Et comme l'art national est grand à cette époque ! Pour les plus fins connaisseurs, certaines statues de Chartres, Paris et autres lieux ressemblent, à s'y méprendre, aux sculptures des plus beaux âges de la Grèce. Dans nos édifices romans et gothiques, les langues architecturales venues de l'Orient sont transfigurées par l'énergie et le simple bon sens des jeunes races descendues du nord. Quant à la poésie, elle est si puissante et si élevée que souvent l'on entend comparer telles vieilles chroniques françaises aux plus beaux chants d'Homère.

Pour en revenir à l'Ange de l'École, n'est-il pas permis de trouver que, par sa clarté logique, son bon sens et sa poésie, saint Thomas et autres auteurs du treizième siècle sont, même dans leur latin, plus français que tels grands auteurs du dix-septième siècle. Comme écrivain scientifique, saint Thomas a pour héritiers les Pascal, les Descartes et les Leibniz, qui, exempts de la pompe espagnole et du mauvais goût italien, sont avant tout logiciens, c'est-à-dire français. D'autre part, dans le style proprement littéraire, les vrais héritiers des chroniqueurs — de Joinville, par exemple, — ce sont le *Loyal serviteur*, les Amyot, les Henri IV, et saint François de Sales qui déclarait « écrire à la bonne gauloise ».

Note F

Voir chapitre XXII, page 259.

Sans la crainte d'allonger encore ce volume, déjà trop étendu, nous citerions d'autres passages de saint Denys ; et en premier lieu le troisième paragraphe du chapitre II de sa théologie mystique.

Comment ne pas s'étonner que les ouvrages substantiels et lumineux de saint Denys soient si peu lus ! et même si peu recherchés qu'on n'a point encore réimprimé la traduction de Mgr Darboy ; traduction élégante et poétique qui semble parfois inspirée par l'âme grecque de saint Denys à son futur successeur sur le trône épiscopal de Paris.

Note G

Voir chapitre XXIII, page 265.

Ce texte, dit M. l'abbé Ecalle dans un *nota* placé au bas de cette page, ce texte ne donne-t-il pas « la meil-
« leure explication physiologique, psychologique et

« surtout chrétienne de certains faits... de magné-
« tisme, possession, extase et d'autres phénomènes
« non moins prodigieux observés dans des êtres ina-
« nimés. » Et le savant traducteur de saint Thomas
développe cette pensée dans une page qui, écrite en
1854, c'est-à-dire il y a plus de trente ans, offre
aujourd'hui le plus actuel et saisissant intérêt. Nul
doute, aux yeux des vrais savants, que les phénomènes
invoqués contre la foi ne tournent au triomphe de la
doctrine catholique et, en particulier, de la doctrine de
saint Thomas.

Pour en revenir au passage précité du docteur angélique, il se trouve ainsi résumé dans le même *nota* de
M. Ecalle.

« Plus l'âme est asservie au corps, et plus l'intelli-
« gence s'appesantit. Si, au contraire, l'homme arrive,
« n'importe par quel moyen, à ne plus faire aucun
« usage de ses sens, alors, sous l'*influence d'êtres d'un*
« *ordre supérieur*, il aperçoit dans l'avenir des choses
» qu'il ne saurait découvrir par tous les raisonnements;
« et cela va d'autant plus loin, qu'il est plus affranchi
« des sens. Du reste, en thèse générale, à mesure que
« l'âme s'éloigne des êtres les plus infimes, elle se rap-
« proche des plus sublimes; » — c'est-à-dire des purs
esprits, anges ou démons.

Note H

Voir chapitre XXIII, pages 261 à 272.

Cette doctrine scolastique sur le mode de connaissance de l'âme unie au corps se trouve résumée avec la grâce et la clarté qui caractérisent les écrits de saint François de Sales dans son « Traité de l'amour de « Dieu », liv. III, au début du chap. XI.

Là, le bon évêque de Genève explique comment les objets présentés à nos sens arrivent à être connus de notre intelligence : « Les espèces ou formes abordent « au sens extérieur et de là passent à l'intérieur, puis « à la phantaysie (imagination), de là à l'entendement « actif et viennent ensuite au passif (mémoire) ; à ce « que passant par tant d'estamines et sous tant de « limes, elles soient par ce moyen purifiées, subtili- « sées et affinées, et que, de sensibles, elles soient « rendues intelligibles. »

Cela revient à la pittoresque comparaison employée par sainte Thérèse, de l'âme avec un moulin. Les perceptions qui arrivent par les sens sont comme les matières brutes qui viennent à la porte du moulin et qu'on verse dans la trémie. Avec ces matières premières, venues de façon ou d'autres dans la *mémoire*, « l'enten- « dement et la volonté travaillent à faire de la farine. » (Chât. de l'âme, 4ᵉ dem., chap. 1ᵉʳ.) Voilà la marche naturelle ordinaire.

Mais extraordinairement, « l'action divine peut

« diminuer le travail de nos sens intérieurs, » (c'est-à-dire le travail intérieur du moulin) « et va parfois « jusqu'à suspendre ces sens intérieurs. »

Tantôt en effet, « l'influence divine agit sur la forma-
« tion des idées... les rendant plus parfaites ;

« Tantôt elle agit surnaturellement dans leur appli-
« cation ou usage... leur coordination ou combinai-
« son ;

« Tantôt elle les infuse directement... sans qu'elles
« aient passé par les sens extérieurs ou intérieurs.
« Elles sont alors très pures, très simples et nous
« élèvent à une très sublime contemplation à la façon
« des anges ». (P. Meynard, déjà cité, 2e part., t. II, liv. I, chap. 1er, p. 17, 18). Voir aussi *Som.* **Théolog.**, 1re partie, question 85, art. 1.)

Note I

Voir CHAP. XXIII, pages 268 à 271.

Nous comparons le scolastique, ou théologien ordinaire, à un homme transporté *surnaturellement sur une cime où n'accèdent nuls chemins naturels;* parce que, avec les seules données et par les seuls procédés de la raison naturelle, l'homme est incapable de s'élever jusqu'aux grandes vérités révélées qui sont l'objet principal de la théologie.

Nous disons aussi que, comparé au philosophe, le scolastique ou théologien ordinaire voit les objets *dans une lumière plus intense et plus pure;* et que, comparé au scolastique, le mystique voit les objets *dans une lumière d'une force et d'un éclat extraordinaires et merveilleux.*

Mais il faut bien rappeler ici que, selon la remarque de M. l'abbé Noël, directeur du grand séminaire de Saint-Dié, qui a eu l'extrême bonté de revoir ce petit volume, « la lumière des vérités révélées et celle de la « foi au travers desquelles la théologie scolastique « voit les choses est *tout aussi surnaturelle pour le* « *fond* que celle qui éclaire la mystique. La différence « est une différence de degrés et de mode seulement : « plus obscure dans la théologie, cette lumière est « plus vive et pénétrante dans la mystique. »

S'il nous était permis de hasarder quelques explications, nous dirions :

D'ABORD que, *comparé au philosophe, le théologien scolastique* voit les objets dans une lumière plus pure, parce que :

— 1° OBJECTIVEMENT, et ainsi pour tout théologien, fut-il protestant comme le grand Leibnitz, ou même pervers comme le démon :

a. Les enseignements de la foi lui ont permis d'élaguer de la science des opinions soutenables au nom de la pure philosophie, mais dont la théologie a démontré la fausseté. (Exemple entre mille : l'existence du monde *ab æterno.*)

b. Tandis que le simple philosophe ne peut connaitre — et encore très insuffisamment — qu'une très petite région de l'univers, et une très petite région de lui-même, le théologien, embrassant dans leur ensemble le cycle immense de l'univers et le cycle merveilleux de cet abrégé de l'univers qui est l'homme, perçoit incomparablement mieux : la nature, la place,

la fonction et l'économie des objets. « De plus, selon
« la remarque de M. l'abbé Noël, pénétrant, dans le
« monde surnaturel, jusque dans le sein de l'adorable
« Trinité, et, dans le secret des conseils divins, il
« découvre là des vérités entièrement inaccessibles à la
« raison. »

2° SUBJECTIVEMENT. — *a.* Les théologiens catholiques, en général, et en particulier les saints, ayant, par la droiture de leur vie, fait de leur âme un miroir très pur qui reflète fidèlement les objets, se trouvent par là mieux disposés à percevoir la vérité avec justesse et netteté.

b. Ces mêmes théologiens reçoivent des lumières particulières, plus ou moins grandes, tant comme récompenses de leur vertu que comme dons *gratis data*, donnés gratuitement pour être employés directement au salut du prochain : — Ainsi les grâces d'état pour les prêtres chargés de quelque ministère. (V. *Imitation de Dieu*, ch. II, p. 51, 52; Note de M. l'abbé Noël.)

ENSUITE, nous ajouterions que le *théologien mystique* a sur le *théologien ordinaire* des avantages immenses. Le mystique, en effet, reçoit non seulement la *lumière de la nature,* comme le philosophe ; non seulement aussi la *lumière de la foi,* comme le théologien scolastique, quoique à un degré et selon un mode bien plus élevés, mais, de plus, il reçoit directement, et souvent instantanément, par *infusion,* des vertus que le théologien ordinaire ne reçoit qu'au prix d'une longue et pénible *acquisition*. (M. Olier, introd. à la vie et aux vertus chrétiennes, chap. x, p. 274 et 275.) Même il se peut qu'il reçoive, dès ce monde, quoique par un privilège extrêmement rare, et qui est contesté par un grand nombre de théologiens, la *lumière de la gloire*. En effet, « d'après saint Augustin, saint Thomas et « d'autres; cette faveur insigne a été accordée à Moïse « et à saint Paul. Le même privilège revient de droit à « la Très Sainte Vierge Marie. Quelques auteurs vont « jusqu'à croire que de tous temps il s'est rencontré « des âmes favorisées de cette grâce dans les plus « hauts degrés de la contemplation. » (P. Meynard, 2ᵉ part. *Théol. myst.*, ch. II, n° 50; t. II, p. 96. — V. aussi *Som. théol.*, 1ʳᵉ part. Quest. 106, 1, 2, et 2ᵉ sect. de la 2ᵉ part. Quest. 175. — V. aussi sur la signification **GÉNÉRALE** du mot *vertus infuses* : 1ʳᵉ sect. de la 2ᵉ part. Q. 63; et P. Meynard, *théol. asc.*, ch. VI, t. I, p. 340 à 396.)

FIN.

TABLE DES MATIÈRES

Déclaration 5
Avant-propos 7

PREMIÈRE PARTIE

Enfance. — Vocation. — Études.

Chapitre	I. — Naissance de saint Thomas.........	3
—	II. — Mont-Cassin	13
—	III. — Court séjour au château de Lorette...	22
—	IV. — Université de Naples. — Vocation....	28
—	V. — Épreuves. — Captivité	44
—	VI. — Délivrance	59
—	VII. — Frère Albert	65
—	VIII. — Saint Thomas se rend à Cologne....	74
—	IX. — Les universités au treizième siècle....	86
—	X. — Premier séjour à Paris. — Portrait physique et moral de notre saint...	96

DEUXIÈME PARTIE

Vie enseignante de saint Thomas.

Chapitre XI. — Retour à Cologne............... 111
— XII. — Saint Thomas revient à Paris et professe au couvent de la rue Saint-Jacques.................. 121
— XIII. — Ordres mendiants. — Saint Thomas et saint Bonaventure reçus docteurs....................... 137
— XIV. — Saint Louis et les fils de saint François et de saint Dominique. 145
— XV. — Prodigieuse activité de notre saint. L'université lui rend un hommage public.................. 158
— XVI. — Urbain IV appelle saint Thomas près de lui... 169
— XVII. — Urbain charge saint Thomas de composer l'office du Saint-Sacrement. Avènement de Clément IV. 182
— XVIII. — Le serviteur de Dieu entreprend la *Somme*..................... 192

TROISIÈME PARTIE

Dernières années. — Très douce mort du serviteur de Dieu. — Survie.

Chapitre XIX.	— Retour triomphal à Naples. — Préludes de la fin	209
— XX.	— Sainte mort du serviteur de Dieu.	220
— XXI.	— Survie de saint Thomas	238
— XXII.	— Saint Thomas maître éminent de la vie intérieure ascétique ou mystique	250
— XXIII.	— Sujet qu'on ne traite point. — Les grands secrets de saint Thomas.	261
— XXIV.	— Épilogue : coup d'œil sur la carrière de saint Thomas	273
Notes		279

Paris. — Imp. E. Capiomont et Cie, rue des Poitevins, 6.

EXTRAIT DU CATALOGUE

DE LA

LIBRAIRIE RETAUX-BRAY

ABBÉ (l') JEAN-MARIE DE LAMENNAIS, fondateur de l'Institut de Ploërmel, par l'auteur des *Contemporains*. 1 vol. in-18 jésus, avec portrait et autographe........ 2 50

ADONE (Aloysius).
Synopsis canonico-liturgica rationali methodo concinnata. 1 vol. petit in-4 à deux colonnes............. 20 »

A L'ASSAUT DES PAYS NÈGRES. Journal des missionnaires d'Alger dans l'Afrique équatoriale. 1 fort vol. in-8 orné de nombreuses gravures...................... 6 »

ALCAN (Eugène).
Légende (la) des âmes, souvenirs de quelques conférences de saint Vincent de Paul. 2 vol. in-18 jésus..... 6 »

ALLAIN (l'abbé E.).
Question (la) d'enseignement en 1789, d'après les Cahiers 1 vol. in-18 jésus............................. 4 »

AMITIÉ (l'). 1 vol. in-18 raisin 3 50

ANDIGNÉ (le vicomte d').
Année (une) à Rome. Impressions d'un catholique. 1 vol. in-18 jésus..................................... 3 »

ANDRÉ et BURELLE.
Chants complets de l'Archiconfrérie, vêpres, saluts et cantiques chantés à l'office du soir, à l'église de N.-D. des Victoires, à Paris, in-8. Net............... 3 50

APPERT (Camille).
Dernier (le) roi des Lombards, ou Rome délivrée. Drame en 5 actes et en vers. 1 vol. in-18 raisin .... 1 »
Étoile (l') du matin. Poème. 1 vol. in-18 jésus 3 50

ARCHIER (Adolphe).
Saints (les) de la Compagnie de Jésus. 1 vol. in-18 jésus.
— Prix 2 50

ARMEL DE KERVAN.
Voltaire, ses hontes, ses crimes, ses œuvres et leurs conséquences sociales, revue historique et critique. 1 vol. in-18 jésus..................................... 2 »
Quatre-vingt-neuf et son histoire, documents authentiques. 1 fort vol. in-18 jésus....................... 3 50

ARMORIAL des cardinaux, archevêques et évêques contemporains de France, avec 88 écussons gravés. 1 vol. in-18... 7 »

1

ARS BONÆ MORTIS, sive quotidiana erga B. Matrem Mariam pietas ad felicem mortem obtinendam utilissima. 1 vol. in-18.. 2 »

ARTIGES (abbé Camille).
Portraits limousins. Etudes d'histoire et de littérature, avec une préface de Jean Vaudon, des antiquaires de Normandie. 1 vol. in-18 jésus................. 3 »
Filleul (le) de saint Louis, tragédie en cinq actes et en vers. 1 vol. in-16.................................. 1 60

AUDIN.
Histoire de la vie, des doctrines et des ouvrages de Luther. (Edition abrégée.) 1 vol. in-18 jésus..... 3 »
Histoire de la vie, des doctrines et des ouvrages de Calvin. 2 vol. in-18 jésus........................... 7 »
Abrégé du même ouvrage. 1 vol in-18 jésus...... 3 »
Histoire de Léon X et de son siècle. (Edition abrégée.) 1 vol. in-18 jésus............................. 3 »
Histoire de Henri VIII et du schisme d'Angleterre. 2 vol. in-18 jésus...................................... 7 »
Abrégé du même ouvrage. 1 vol. in-18 jésus...... 3 »
Retour à l'unité catholique par le protestantisme. Deuxième édition de l'ouvrage intitulé : *la Réforme contre la Réforme*, traduit de l'allemand de Hœninghaus, précédé d'une introduction par Audin. 2 vol. in-18 jés.. 7 »

AUNAY OVERNEY (J. de l').
Soirées (les) du château de Kerilis. 1 vol. in-18 jés. 3 50

AUVRAY (Michel).
Ambitieuse (l'). 1 vol. in-18 jésus................ 2 »
Secret (le) de la chambre verte. 1 vol. in-18 jésus. 2 »

AVANT L'AUTOMNE, poésies (1852-1884). 1 v. in-16. 2 »

BAGUENAULT DE PUCHESSE.
Immortalité (l'), la mort et la vie. Etude sur la destinée de l'homme. 1 vol. in-18 jésus................. 3 50

BALMÈS (Jacques).
Art (l') d'arriver au vrai, philosophie pratique. 1 vol. in-8.. 5 »
Le même ouvrage. 1 vol. in-18 jésus .... 3 »
Philosophie fondamentale. 3 vol. in-18 jésus...... 10 50
Protestantisme (le) comparé au Catholicisme dans ses rapports avec la civilisation européenne. 3 vol. in-18 jésus.. 10 50

BATAILLE (l'abbé L.).
Cours élémentaire de religion, à l'usage de l'enseignement moyen. 1 vol. in-18 jésus...................... 1 80
Principaux (les) faits de l'histoire de l'Eglise catholique. 1 vol. in-18 jésus............................ 1 »
Principaux (les) faits de l'histoire sainte, accompagnés de réflexions apologétiques et morales à l'usage de l'enseignement catholique. 1 vol. in-18 jésus.... 1 80

BAUDON (Adolphe).
Mois de Marie (Lectures et réflexions pieuses pour le).
1 vol. in-32 jésus.................................. 0 80
Mois du Sacré-Cœur. 1 vol. in-32 jésus........... 0 80
Pensées pieuses après la sainte Communion pour les dimanches et les principales fêtes de l'année. 1 vol. in-18.. 2 50

BAUTAIN (l'abbé).
Méditations chrétiennes, œuvre posthume. 1 vol. in-18 jésus... 3 »
Education (de l') publique en France au xixe siècle. 1 vol. in-8.. 5 »

BAYLE (l'abbé).
Derniers (les) jours du Chrétien, ou le saint viatique, l'extrême-onction, la recommandation de l'âme, les funérailles, le dogme du purgatoire, etc., expliqués aux fidèles. 1 vol. in-32 jésus........................ 2 »
Etude sur Prudence, suivi du Cathémérinon traduit et annoté. 1 vol. in-8............................... 4 »
Marie au cœur de la jeune fille, ouvrage traduit de l'italien. 1 vol. in-32 jésus........................... 1 20
Massillon. Etude historique et littéraire. 1 vol. in-18 jésus.. 3 »
Vie de saint Philippe de Néri. 1 vol. in 8......... 6 »
Le même ouvrage. 1 vol. in-18 jésus............. 3 »
Saint Basile, archevêque de Césarée (329-379), cours d'éloquence sacrée. 1 vol. gr. in-8................. 5 »

BAZIN (René).
Ma tante Giron. 1 vol. in-18 jésus............... 2 »

BERGIER (l'abbé J.-B.).
Histoire de saint Jean Chrysostôme, sa vie, ses écrits, influence de son génie. 1 vol. in-8.................. 5 »
Le même ouvrage. 1 vol. in-18 jésus............. 3 »

BERNARD (saint).
Lettres à l'usage des personnes pieuses et des gens du monde, traduites par le R. P. Melot. 1 vol. in-32. 1 20

BERTHE (R. P. A.).
Garcia Moreno, président de l'Equateur, vengeur et martyr du droit chrétien (1825-1875). 1 vol. in-8. 7 »

BESSON (Mgr).
Vie du cardinal de Bonnechose, archevêque de Rouen. 2 vol. in-8....................................... 12 »
Le même ouvrage. 2 vol. in-18 jésus............. 7 »
Frédéric-François Xavier de Mérode, ministre et aumônier de Pie IX, archevêque de Mélitène, sa vie et ses œuvres. 1 vol in-8... 6 »
Le même ouvrage. 1 vol. in-18 jésus............. 3 50
Vie du cardinal Mathieu, archevêque de Besançon. 2 vol. in-8, avec portrait et fac-simile................. 12 »
Le même ouvrage. 2 vol. in-18 jésus............. 7 »
Vie de Mgr Paulinier, évêque de Grenoble, archevêque de Besançon. 1 vol. in-8......................... 6 »

Vie de M. l'abbé Busson, ancien secrétaire général des affaires ecclésiastiques, chanoine honoraire, membre de l'Académie des sciences, belles-lettres et arts de Besançon. 1 vol. in-18 jésus 3 50
Conférences prêchées dans l'église métropolitaine de Besançon pendant les années 1864 à 1874. 7 vol. in-8... 35 »
Le même ouvrage. 7 vol. in-18 jésus.............. 21 »

On vend séparément :

Homme-Dieu (l'). 1 vol. in-8....................... 5 »
Le même ouvrage, 1 vol. in-18 jésus.............. 3 »
Eglise (l'), œuvre de l'Homme-Dieu 1 vol. in-8... 5 »
Le même ouvrage. 1 vol. in-18..................... 3 »
Décalogue (le) ou la loi de l'Homme-Dieu. 2 vol. in-8... 10 »
Le même ouvrage. 2 vol. in-18 jésus.............. 6 »
Sacrements (les) ou la grâce de l'Homme-Dieu. 2 vol. in-8... 10 »
Le même ouvrage. 2 vol. in-18 jésus.............. 6 »
Mystères (les) de la vie future ou la gloire de l'Homme-Dieu. 1 vol. in-8.................................. 5 »
Le même ouvrage. 1 vol in-18 jésus.............. 3 »

Année (l') d'expiation et de grâce (1870-1871). Sermons et oraisons funèbres. 1 vol. in-8.................. 5 »
Le même ouvrage. 1 vol. in-18 jésus.............. 3 »
Année (l') des pèlerinages (1872-1873). Sermons. 1 vol. in-8... 5 »
Le même ouvrage. 1 vol. in-18 jésus.............. 3 »
Sacré-Cœur (le) de l'Homme-Dieu. Sermons prêchés à Besançon et à Paray-le-Monial en juin 1873. 1 vol. in-8... 5 »
Le même ouvrage. 1 vol. in-18 jésus.............. 3 »
Béatitudes (les) de la vie chrétienne ou la dévotion envers le Sacré-Cœur. 1 vol. in-8....................... 5 »
Le même ouvrage. 1 vol. in-18 jésus.............. 3 »
Panégyriques et oraisons funèbres. 2 vol. in-8..... 10 »
Le même ouvrage. 2 vol. in-18 jésus.............. 6 »
Panégyriques, oraisons funèbres. Nouvelle série. 1 vol. in-8... 5 »
Panégyriques, oraisons funèbres, éloge académique. Troisième série. 1 vol. in-8............................. 5 »
Le même ouvrage. 1 vol. in-18 jésus.............. 3 »
OEuvres pastorales (1875-1878) 2 vol. in-8......... 10 »
Le même ouvrage. 2 vol. in-18 jésus.............. 6 »
OEuvres pastorales, 2ᵉ série (1878-1882). 2 v. in-8. 10 »
Le même ouvrage. 2 vol. in-18 jésus.............. 6 »
OEuvres pastorales, 3ᵉ série (1882-1887) 2 vol. in-8. 10 »
Le même ouvrage. 2 vol. in-18 jésus.............. 6 »
Instruction pastorale et mandement sur la franc-maçonnerie. In-18 jésus. Net.......................... 0 30

Instruction pastorale sur les enterrements civils. In-18 jésus. Net 0 30

BESSON (Paul).
Suppression (de la) par mesure administrative des traitements ecclésiastiques. In-18 jésus 0 30

BIBLE (la SAINTE), texte latin de la Vulgate, traduction française en regard, avec introductions générale et particulières, et Commentaires théologiques, moraux, philologiques, historiques, etc., rédigés d'après les meilleurs travaux anciens et contemporains, par MM. Bayle, Clair, Crelier, Drach, Fillion, Gillet, Le Hir, Lesêtre et Trochon. Brefs de Pie IX et de Léon XIII, approbations et imprimatur de l'Ordinaire. 39 vol. gr. in-8 raisin, sur deux colonnes. Net .... 220 »

Prix des volumes vendus séparément :

INTRODUCTION GÉNÉRALE. 2 VOL................	net.	24 50
LE LANGAGE SYMBOLIQUE............................	—	5 50
LA GENÈSE (*sous presse*).		
L'ÉXODE ET LE LÉVITIQUE............................	—	10 50
LES NOMBRES ET LE DEUTÉRONOME (*sous presse*).		
LE LIVRE DE JOSUÉ.....................................	—	2 70
LE LIVRE DES JUGES ET LE LIVRE DES RUTH........	—	3 60
LES ROIS. 2 vol	—	22 »
LES PARALIPOMÈNES..................................	—	8 60
ESDRAS ET NÉHÉMIAS.................................	—	3 40
TOBIE, JUDITH ET ESTHER............................	—	5 »
LE LIVRE DE JOB.......................................	—	6 »
LES PSAUMES...	—	16 50
LES PROVERBES..	—	5 40
L'ÉCCLÉSIASTE...	—	3 60
LE CANTIQUE DES CANTIQUES.......................	—	2 80
LA SAGESSE...	—	3 80
L'ÉCCLÉSIASTIQUE.....................................	—	6 »
INTRODUCTION AUX PROPHÉTIES.....................	—	3 40
ISAÏE...	—	6 60
JÉRÉMIE ET BARUCH..................................	—	9 40
ÉZÉCHIEL..	—	7 80
DANIEL...	—	6 »
LES PETITS PROPHÈTES...............................	—	11 50
LES MACHABÉES.......................................	—	6 80
INTRODUCTION AUX ÉVANGILES (*sous presse*)		
SAINT MATTHIEU......................................	—	13 »
SAINT MARC..	—	5 »
SAINT LUC..	—	9 40
SAINT JEAN...	—	10 50
SYNOPSIS EVANGELICA................................	—	3 60
LES ACTES DES APOTRES.............................	—	7 80
LES ÉPITRES DE SAINT PAUL........................	—	17 10
LES ÉPITRES CATHOLIQUES..........................	—	4 50
L'APOCALYPSE...	—	3 30
ORATIO MANASSÉ-ESDRAS (*sous presse*)		
TABLE HOMILÉTIQUE, OU THESAURUS BIBLICUS....	—	10 »

TABLES GÉNÉRALES (*sous presse*).
ATLAS GÉOGRAPHIQUE ET ARCHÉOLOGIQUE............... — 9 »

NOUVEAU (le) TESTAMENT COMPLET : *Quatre évangiles, synopsis, actes, épîtres, apocalypse.* Ensemble 9 vol. in-8. Net................................. 60 »

SAINTS (les) ÉVANGILES, par M. l'abbé L. C!. FILLION, prêtre de Saint-Sulpice, professeur d'écriture sainte au grand-séminaire de Lyon : *saint Mathieu; saint Marc; saint Luc; saint Jean; synopsis evangelica.* Ensemble 5 vol. in-8. Net................................. 32 »
(*Voir ci-dessus pour le prix des volumes pris séparément.*)

BIBLIA SACRA vulgatæ éditionis Sixti V Pontificis Maximi jussu recognita et Clementis VIII auctoritate edita ad usum sacri ordinis Cartusiensis. 2 magnifiques vol. in-folio raisin de 749 et 600 pages entourées d'un double filet vergé à la forme...................... 180 »

BLANCHE-RAFFIN (A. de).
Balmès (Jacques), sa vie et ses ouvrages. 1 vol. in-8. 4 »

BOIVIN (abbé).
Pénitence et Eucharistie, ou les deux grands moyens de sanctification. In-32 carré.................... 0 60

BONAVENTURE (saint).
Méditations sur la vie de N.-S. Jésus-Christ. Traduites par le R. P. Dom François Le Bannier. Nouvelle édition, 1 vol. in-4.............................. 6 »

BONNE (la) NOUVELLE DE NOTRE-SEIGNEUR JESUS-CHRIST. Tome I-r. Préambules de la foi. Concordance du saint Evangile jusqu'à la prédication de saint Jean-Baptiste. 5 vol. in-8........................ 35 »

BONNIOT (le R. P. de).
Miracle (le) et ses contrefaçons. 1 vol. in-8...... 6 »
Malheurs (les) de la philosophie : études critiques de philosophie contemporaine. 1 beau vol. in-8...... 6 »
Le même ouvrage. 1 vol. in-18 jésus............ 3 50
Miracle et savants. L'objection scientifique contre le miracle. In-18 jésus.......................... 0 80

BORD (Gustave).
Documents pour servir à l'histoire de la Révolution française, publiés, avec de nombreuses planches, sous la direction de Ch. d'Héricault et G. Bord. 2 vol. in-8 raisin ; chaque vol...................... 8 »
Pacte (le) de famine (Histoire du blé en France), histoire, légende. 1 vol. in-8 raisin, orné de 4 photogravures. 12 »

BORIE (l'abbé P.-H.-D.).
Presqu'île (la) de Malacca, les Malais et les sauvages. Gr. in-8................................. 2 »

BOSSUET guidant l'âme chrétienne dans ses devoirs envers **Dieu.** Reproduction presque complète du livre de prières et du catéchisme donné par Bossuet aux fidèles du diocèse de Meaux. 1 fort vol. grand in-32.... 3 50

BOUGEANT (le R. P.).
Exposition de la doctrine chrétienne. Nouvelle édition, revue, corrigée et considérablement augmentée, par Mgr Darboy. 2 vol. in-8........................ 8 »

BOUNIOL (Bathild).
France (la) héroïque, vies et récits dramatiques d'après les chroniques et les documents originaux. 4 vol. in-8... 20 »
Le même ouvrage. 4 vol. in-18 jésus............... 10 »
Rues (les) de Paris. Biographies, portraits, récits et légendes. 3 vol. in-8........................... 15 »
Le même ouvrage. 3 vol. in-18 jésus.............. 9 »
A l'ombre du drapeau. Episodes de la vie militaire : Empire, Algérie, Crimée. 1 vol. in-18 jésus......... 2 »
Soldat (le), chants et récits. 1 vol. in-18.......... 0 60
Sentiment de Napoléon Ier sur le christianisme, d'après les témoignages recueillis par feu le chevalier de BEAUTERNE ; nouvelle édition, entièrement refondue. 1 vol. in-18 carré..................................... 0 60

BOURBON (l'abbé).
Petit cérémonial paroissial, selon le rite romain, publié d'après l'ordre des conciles de Périgueux (1856) et d'Agen (1859). 1 vol. in-8............................. 6 »
Introduction aux cérémonies romaines, ou notions préliminaires sur le matériel, le personnel et les actions liturgiques, le chant, la musique et la sonnerie. 1 vol. in-8... 6 »

BOURDON (madame).
Anne-Marie. 1 vol. in-18 jésus.................... 2 00
Béatitudes (les), ou la science du bonheur. 1 vol. in-18 jésus.. 2 »
Belles (les) années. 1 vol. in-18 jésus............. 2 »
Charité (la), légendes. 1 vol. in-18 jésus.......... 2 »
Droit (le) d'aînesse, ou Dévouement filial et fraternel. 1 vol. in-18 jésus.................................. 2 »
Etudes et notices historiques. 1 vol. in-18 jésus.. 2 »
Femme (la) d'un officier. 1 vol. in-18 jésus...... 2 »
Léontine, histoire d'une jeune femme. 1 vol. in-18 jésus... 2 »
Mademoiselle de Neuville. 1 vol. in-18 jésus...... 2 »
Marc de Lheiningen, suivi de l'Histoire d'Yseult. 1 vol. in-18 jésus....................................... 2 »
Matin (le) et le soir, journal d'une femme de cinquante ans. 1 vol. in-18 jésus........................... 2 »
Ménage (le) d'Henriette, suivi du Trait d'union. 1 vol. in-18 jésus....................................... 2 »
Nouvelles variées. 1 vol. in-18 jésus.............. 2 »
Parente (une) pauvre. 1 vol. in-18 jésus.......... 2 »
Souvenirs d'une institutrice. 1 vol. in-18 jésus.... 2 »
Vie (la) réelle. 1 vol. in-18 jésus................. 2 »

BREMER (mademoiselle Frédérique).
Guerre et paix, scènes en Norwège. 1 vol in-18 jésus... 2 »

BRET (Jacques).
Eljen, Scénes de la vie hongroise. 1 vol. in-18 jés. 2 »

BRETONNEAU (H.)
Epreuves (les) de la vie au point de vue chrétien. 1 vol. in-18 raisin... 1 »

BREWER et MOIGNO.
Clef (la) de la science, explication vraie des faits et des phénomènes des sciences physiques. 1 vol. in-18 jésus... 4 50

BRIMONT (A. de).
Pape (un) au moyen âge. Urbain II. 1 vol. in-8.... 4 »

BROGLIE (Albert de) de l'Académie française.
Eglise (l') et l'empire romain au IV⁰ siècle. 6 vol. in-18 jésus... 21 »

BROUWER (F.-M. de).
Tractatus de Ecclesia Christi, in quo etiam de Romano Pontifice. 1 vol. in-8... 5 »

BROWNSON (Sarah).
Galitzin (Demétrius-Augustin), traduit de l'anglais, par Lérida Geofroy. 1 vol. in-18 jésus... 3 50

BUET (Charles).
Irène Bathori. 1 vol. in-18 jésus... 2 »

BUISSERET-STEENBECQUE (madame la comtesse de).
Ghislaine. 1 fort vol. in-18 jésus... 3 50

BUREL (l'abbé H.).
Abeille eucharistique. Traité théologique, mystique et pratique sur la sainte Eucharistie. 1 vol. in-18 jésus... 3 50

BUSSON (l'abbé C.-J.).
Esprit (l') de saint François de Sales, à l'usage des personnes pieuses vivant dans le monde. 1 vol. in-18 raisin... 3 50

CALMON (abbé Marc).
Roland. Drame en quatre actes en vers. In-18 raisin. 2 »

CANISIUS (le bienheureux Pierre).
Doctrine (la) chrétienne exposée. 1 vol. in-18 jésus. 1 20
Le même ouvrage. 1 vol. in-18 raisin... 0 80

CASIMIR (R. P.).
Petit manuel de dévotion à l'usage des associés de l'archiconfrérie et du cordon de saint Joseph, également utile à tous les fidèles, approuvé par S. E. Mgr le cardinal Billet, archevêque de Chambéry. 1 vol. in-32... 1 »

CHAMPAGNY (le comte F. de), de l'Académie française.
Etudes sur l'empire romain. 12 vol. in-8... 72 »
Le même ouvrage. 12 vol. in-18 jésus... 42 »

On vend séparément :

1re PARTIE. — *Les Césars.* Histoire des Césars jusqu'à Néron, et tableau du monde romain sous les premiers empereurs, 5e édition revue et considérablement augmentée. 4 vol. in-8.................... 24 »
Le même ouvrage. 4 vol. in-18 jésus............ 14 »
2e PARTIE. — *Rome et la Judée*, 3e édition revue et augmentée. 2 vol. in-8 avec plan de Jérusalem...... 12 »
Le même ouvrage. 2 vol. in-18 jésus............ 7 »
3e PARTIE. — *Les Antonins*, 3e édition revue et augmentée. 3 vol. in-8.................... 18 »
Le même ouvrage. 3 vol. in-18 jésus............ 10 50
4e PARTIE. — *Les Césars du* IIIe *siècle.* 3 beaux vol. in-8.................... 18 »
Le même ouvrage. 3 vol. in-18 jésus............ 10 50
Bible (la) et l'Économie politique. 1 vol. in-18 jésus.................... 2 50
Chemin (le) de la vérité. 1 vol. in-18 jésus....... 2 50

CHARLES-FELIX DE SAVOIE, roi de Sardaigne, restaurateur d'Hautecombe. Sa vie intime par un religieux de cette abbaye. 1 vol. in-12.................... 3 »

CHATEAUBRIAND.
Génie du christianisme. 1 vol. in-8............ 2 50
Itinéraire de Paris à Jérusalem et de Jérusalem à Paris. 1 vol. in-8.................... 2 50

CHATELLIER (A. du).
Essai (un) de socialisme en 1793-94-95, réquisitions, maximum, assignats, précédé de la bio-bibliographie de l'auteur, par M. L. de la Sicotière, sénateur de l'Orne. 1 vol. in-8.................... 3 »

CHAVIN DE MALAN (l'abbé).
Histoire de saint François d'Assise (1182-1226). 1 vol. in-8.................... 6 »
Vie de sainte Catherine de Sienne. 1 vol. in-12... 2 »

CHESNAIS (René des).
A tire d'aile. 1 beau vol. in-16.................... 3 »

CHEVALIER (le T. R. P.)
Notre-Dame du Sacré-Cœur. 1 beau vol. in-18 jésus. 3 50
Sacré-Cœur de Jésus. 1 vol. in-18 jésus.......... 4 »

CHRISTOPHE (l'abbé J.-B.).
Histoire de la Papauté pendant le XVe siècle, 2 vol. in-8.................... 14 »

CISSEY (Louis de).
Vie de la vénérable Marguerite du Saint-Sacrement, religieuse carmélite fondatrice de l'*Association de la Sainte-Enfance de Jésus* (1619-1648), suivie de quelques-uns de ses écrits sur la dévotion à la Sainte-Enfance. 1 vol. in-18 jésus.................... 3 »

COETLOSQUET (R. P. C. du).
Théodore Wibaux, zouave pontifical et jésuite. 1 vol. gr. in-16.................... 3 50

COMBALOT (l'abbé).
Connaissance (la) de Jésus-Christ ou le dogme de l'Incarnation envisagée comme la raison dernière et suprême du monde de la nature, du monde de la grâce et du monde de la gloire. 1 vol. in-18 jésus.......... 3 »

CONDREN (le P. de).
Œuvres complètes : *Ses lettres*. 1 fort vol. in-18 jésus... 3 50

CONFIDENCES (les) **DE MARGUERITE**, ouvrage honoré d'une lettre de Mgr l'évêque de Nantes. 1 vol. in-18 jésus... 1 »

COQUILLE.
Césarisme (du) dans l'antiquité et dans les temps modernes. 2 vol. in-18 jésus................... 7 »
Légistes (les), leur influence politique et religieuse. 1 fort vol. in-8 raisin.............................. 5 »

COUDURIER (l'abbé).
Vie de la Bienheureuse Lidwine, vierge, modèle des malades et des infirmes. 1 vol. in-18 jésus........ 2 50

COURAT (l'abbé Alex.).
Christianisme (le) en exemples, complément de tous les catéchismes de première communion et de persévérance. 2 vol. in-18 jésus............................. 6 »

CRÉTINEAU-JOLY (J.).
Eglise (l') romaine en face de la Révolution. Ouvrage composé sur des documents inédits et orné de portraits. 2 vol. in-8...................................... 12 »
Le même ouvrage. 2 vol. in-18 jésus............. 6 »
Rome et Vendée. Scènes, tableaux et récits. 1 vol. in-18 jésus... 2 50

CUVELHIER (A.-P. Michael).
Meditationes brevissimæ ad usum sacerdotum et religiosorum in totum annum distributæ. 1 vol. in-32. 1 60

DALGAIRNS (le R. P.).
Dévotion (de la) au Sacré-Cœur de Jésus, précédée d'une introduction sur le Jansénisme, traduite sur la 2e édition anglaise avec l'autorisation spéciale de l'auteur, par M. l'abbé POULIDE, de l'Institution Notre-Dame d'Auteuil, suivie d'un discours à la Dévotion au Saint-Cœur de Marie, par le R. P. DE MAC-CARTHY, S. J. 1 vol. in-18 jésus.. 3 50
Sainte (la) Communion considérée au point de vue philosophique, théologique et pratique, ouvrage traduit de l'anglais, avec l'autorisation spéciale de l'auteur, par M. l'abbé GODARD, professeur au séminaire de Langres, suivie d'un *Traité sur la fréquente communion*, emprunté aux *Analecta Juris pontificii*. 2 vol. in 18 jésus... 6 »
Abrégé du même ouvrage. 1 vol. in-18 jésus...... 3 50

DARAS (l'abbé E.).
Petites fleurs du cloître. 1 vol. in-18 jésus........ 3 »

DARBINS (l'abbé Pascal).
Vie (la) et les œuvres de Marie Lataste, religieuse coadjutrice du Sacré-Cœur, publiées par l'abbé Pascal DARBINS, avec l'approbation de Mgr l'évêque d'Aire. 3 vol. in-18 jésus........................... 10 50
(Voir *Lataste Marie*).

DARBOY (Mgr).
Saint Thomas Becket, archevêque de Cantorbéry et martyr; *sa Vie et ses Lettres*, précédées d'une introduction sur les principes engagés dans la lutte entre les deux pouvoirs. 2 vol. in-18 jésus.................... 7 »

DARVILLE (Lucien).
Famille (la) Monval. 1 vol. in-18 jésus............ 2 »

DAUDE (l'abbé F.).
Hommage à Jésus, sauveur du monde. 1 vol. in-32 r. 0 80
Hommage à Marie, mère de Dieu. 1 vol. in-32 r.... 0 80

DAURIGNAC (J.-M.-S.).
Histoire du B. Canisius. 1 vol. in-18 jésus........ 3 50
Histoire de saint François d'Assise. 1 vol. in-18 jésus... 3 »
Histoire de saint François de Borgia, duc de Gandie, troisième généra' de la Compagnie de Jésus. 1 vol. in-18 jésus... 3 50
Histoire de saint Jean François Régis, apôtre du Velay et du Vivarais. 1 vol. in-18 jésus................. 3 50
Histoire de saint François Xavier, de la Compagnie de Jésus, apôtre des Indes et du Japon et protecteur de l'Orient; suivie de nouveaux documents et d'un rapport du R. P. ARTOLA, S. J., sur l'état actuel du château de Xavier et du crucifix miraculeux de sa chapelle. 2 vol. in-18 jésus...................................... 6 »
Abrégé du même ouvrage. 1 vol. in-18 jésus...... 2 50
Histoire de saint Ignace de Loyola, fondateur de la Compagnie de Jésus. 2 vol. in-18 jésus.............. 6 »
Abrégé du même ouvrage. 1 vol. in-18 jésus...... 2 50
Histoire de saint Louis de Gonzague, prince du Saint-Empire, religieux de la Compagnie de Jésus. 1 vol. in-18 jésus... 3 50
Sainte Jeanne-Françoise de Chantal, modèle de la jeune fille et de la jeune femme dans le monde, et fondatrice de l'ordre de la Visitation Sainte-Marie. 1 vol. in-18 jésus... 3 »
Vie de Maximilien d'Este, archiduc d'Autriche, prince royal de Hongrie et de Bohême, grand-maître de l'ordre Teutonique, mort le 1er juin 1863, d'après la biographie de ce prince publiée en Allemand, par le R. P. STŒGER. 1 vol. in-18 jésus 3 50
Pensées du R. P. Cathary, S. J., recueillies dans ses écrits, précédées du récit de quelques faits inédits et de grâces extraordinaires obtenues par son intercession. 1 vol. in-18 jésus.. 3 50

DECRETA ET CANONES CONCILII VATICANI, cum interpretatione gallica. 1 vol. in-18 jésus........... 0 60

DEHAUT.
Evangile (l') expliqué, défendu, médité. (Edition pour le clergé.) 4 vol. in-8.......................... 18 »
Même ouvrage. (Edition abrégée pour les laïques et les communautés.) 3 vol. in-8.................... 12 »

DEHON (l'abbé).
Education (l') et l'Enseignement, selon l'idéal chrétien. Discours de distributions de prix (1877-1886). 1 vol. in-16... 2 50

DELACROIX (l'abbé A.).
Histoire de Fléchier, évêque de Nîmes. 1 vol. in-18 jésus... 3 »
Monsieur de Boulogne, archevêque-évêque de Troyes, pair de France. 1 vol. in-18 jésus................. 3 50

DELGOVE (l'abbé).
Histoire de M. de la Motte, évêque d'Amiens. 1 vol. in-8, orné d'un portrait............................ 7 50
Mois de Marie ou le mois de mai sanctifié par la méditation des mystères de la sainte Vierge. 1 vol. in-18, de 300 pages... 2 »

ELLOYE (Ernest).
Lettres à un écolier, précédées d'une lettre-préface par le R. P. Félix, de la Compagnie de Jésus. 1 vol. in-18 jésus.. 2 »

DELVINCOURT (J.).
Pensées choisies de saint François de Sales, extraites de l'introduction à la vie dévote. 1 vol. in-18...... 1 »

DEMORE (l'abbé).
Vie de sainte Claire d'Assise, première abbesse du monastère de Saint-Damien, revue et augmentée du récit de l'Invention du corps de la sainte en 1350, et de notices sur les principales saintes et bienheureuses de l'ordre de Sainte-Claire. 1 vol. in-8............. 6 »
Mois de Marie de l'âme religieuse ou simples élévations sur les litanies de la très sainte Vierge pour tous les jours du mois de mai. 1 vol. in-32 jésus........ 1 25

DERAMECOURT (l'abbé).
Clergé (le) du diocèse d'Arras, Boulogne et Saint-Omer, pendant la révolution (1789-1802). 4 vol. in-8... 28 »

DEVIVIER (R. P. W.).
Cours d'apologétique chrétienne ou exposition raisonnée des fondements de la foi. 1 vol. in-8............. 3 50

DORVAL (madame Louise).
Famille (la) Kersanne. 1 vol. in-18 jésus.......... 2 »

DOURLENS (l'abbé).
Mgr Dupanloup et extraits de ses œuvres. 1 vol. in-8.. 5 »
Le même ouvrage. 1 vol. in-18 jésus............. 3 »

OUVRAGES DE M. D. DE G.

I. *Mathématiques.* } Voy. la liste des ouvrages à la p. 2 du
II. *Philosophie, Art,* etc. } t. I de la *Sociologie* ci-après désignée.

III. *Science sociale.* — **Sociologie**, ouvrage en *neuf* tomes au moins :
T. I. *Vue générale.* 1 vol. in-8°, avec tableaux sur la classification des sciences. Paris, 1882. Librairie Saint-Paul, 6, rue Cassette. 10 fr.

Pour paraître successivement :

T. II. *Cosmologie.* — T. III. *Anthropologie.* — T. IV. *Hiérarchiologie* (science de la hiérarchie). — Ces trois tomes : II, III, IV, constituent une *Introduction philosophique à la sociologie.* Leur *Plan*, résumé dans un triple tableau et leur *Avant-propos*, sont sous presse.
T. V. *Statique sociale* (*Traité de l'équilibre social*). — T. VI. *Traité de l'évolution.* — T. VII. *Traité des oscillations.* — T. VIII. *Traité du progrès.* — T. IX. *Coordination des trois mouvements :* d'évolution, d'oscillation, de progrès. — Annexes.

Pour paraître incessamment :

La *Classification rationnelle des sciences.* (Extrait du t. II de la *Sociologie.*)

Voici une appréciation autorisée sur le tome I de cette sociologie :

« Ce premier volume d'un ouvrage qui en renferme cinq ou six, donne déjà beaucoup, mais promet bien plus encore. Si l'auteur réalise les espérances qu'il nous permet de concevoir, nous pourrons nous consoler de la perte de Blanc de Saint-Bonnet et de Le Play, car nous verrons unies, dans un même ouvrage, la profondeur des vues du premier et la sûreté d'observation du second.

« A la sociologie incomplète d'Herbert Spencer et des positivistes, nous pourrons opposer un traité vraiment scientifique de science sociale, dans lequel les enseignements de la théologie catholique seront confirmés et complétés par les acquisitions et les procédés de la science moderne.

« Nous ne pouvons donc que faire des vœux pour que le succès de ce premier volume engage l'auteur à publier les suivants, et à nous présenter, dans son plein développement, le tableau dont nous ne possédons encore que la réduction. »

Extrait du *Messager du Sacré-Cœur*, bulletin du T. R. P. RAMIÈRE de la Compagnie de Jésus, recteur de l'université catholique de Toulouse. (Numéro de janvier 1883.)

Paris. — Imp. E. CAPIOMONT et Cie, rue des Poitevins, 6.

www.ingramcontent.com/pod-product-compliance
Lightning Source LLC
Chambersburg PA
CBHW070625160426
43194CB00009B/1372